NELSON MAGNO

# REFORMAS CONSTITUCIONALES

## Y PARTIDOS POLÍTICOS DE SEGUNDA GENERACIÓN

# REFORMAS CONSTITUCIONALES y PARTIDOS POLÍTICOS DE SEGUNDA GENERACIÓN

## ÍNDICE

# REFORMAS CONSTITUCIONALES y PARTIDOS POLÍTICOS DE SEGUNDA GENERACIÓN

## INTRODUCCIÓN

La democracia como forma de gobierno está en situación de crisis comparable con las crisis del feudalismo y de las tiranías absolutistas del siglo XVIII. Pero la crisis de la Democracia actual es básicamente crisis de los movimientos políticos de derecho privado[1], crisis de credibilidad, crisis de corrupción, crisis de ambición y lucha por el poder, crisis estructural, crisis sistemática.

Históricamente, si en siglo XVIII, con la Revolución francesa se instituye la Soberanía Popular (CONSTITUCIÓN FRANCESA, 1793), en el siglo XIX se instituye —para todo efecto práctico— la soberanía de las asociaciones políticas de derecho privado (partidos o movimientos políticos). Tales movimientos políticos desde entonces han aparecido y desaparecido según las ocurrencias[2] políticas y fantasías de sus fundadores. A menudo aparecen[3] como conservadores, liberales, socialistas, comunistas, movimientos de centro-izquierda, centro-derecha, extrema izquierda o ultraderecha. Tales asociaciones o personas

---

[1] Movimientos políticos de derecho privado, asociaciones de ciudadanos con personería jurídica de derecho privado (LEY DE PARTIDOS POLÍTICOS, 2003), partidos políticos de primera generación o partidos-vientres de alquiler.

Los partidos políticos de primera generación se corrompieron porque ese era su destino, porque nada podía frenar (o refrenar) su ambición y su lucha por el poder, porque no dependían más que de sus propias componendas, de sus propios estatutos, y de las leyes que ellos mismos redactaban.

[2] A lo que tales asociaciones denominan la "visión de país" de los fundadores.

[3] Y a menudo mutan de izquierda a derecha, de conservadores a liberales, de partidos verdes a partidos morados; aunque en realidad el tema ideológico es sólo soporte para confundir al pueblo en tiempos de campaña electoral.

jurídicas de derecho privado aparentan de esta manera representar los intereses legítimos de la población: de esta manera, la derecha representaría a la clase alta y la inversión privada, la izquierda a la clase baja y el trabajo, el partido conservador a los monarquistas y cristianos, el partido liberal a los revolucionarios, y así sucesivamente. Lo cierto que es que las apariencias engañan y confunden a la población, ya que las diferencias sociales no son diferencias ideológicas sino socioeconómicas; los intereses de la población no son problemas de "visión de país" sino problemas de clases sociales.

En Francia, por ejemplo, la Democracia instituida por la Revolución Francesa (1789-1799) es reemplazada por la cleptocracia o libre asociación de corruptos a partir del siglo XIX. Desde entonces, se deteriora el ejercicio de la soberanía popular[4], las asambleas de bases,

---

[4] Soberanía Popular y Revolución Francesa:
    DERECHOS DEL HOMBRE Y DEL CIUDADANO:
    Artículo 25.- La soberanía reside en el pueblo; es una, indivisible, imprescriptible e INALIENABLE.
    Articulo 26.- Ninguna porción del pueblo puede ejercer el poder que corresponde a todo él; pero cada sección del soberano, reunida en asamblea, debe tener el derecho a expresar su voluntad con entera libertad (CONSTITUCIÓN FRANCESA, 1793)

Revolución Francesa y ejercicio de la Soberanía Popular:
    DE LA DISTRIBUCIÓN DEL PUEBLO
    2. El pueblo francés está distribuido, para el ejercicio de su soberanía, en asambleas primarias de cantones.
    3. Está distribuido para la administración y la justicia, en departamentos, distritos, municipios [...]
    7. El pueblo soberano lo constituye la universalidad de los ciudadanos franceses.
    8. Nombra de forma directa a sus diputados.
    9 Delega en los electores la elección de los administradores, de los árbitros

los colegios electorales, los cuadernos de representación que orientaron la labor legislativa de los revolucionarios. Desde entonces, la participación política organizada de la ciudadanía se privatiza y encarga a las asociaciones corruptas el ejercicio de tal derecho. En la Quinta[5] República, por ejemplo, tales asociaciones de derecho privado, nos dicen que es "nulo el mandato imperativo"[6], pero lo cierto es que –aunque la mentalidad del corrupto está pervertida por sus intereses infames y no quisiera leer esto ni investigar un poco- la Democracia y la Constitución

---

públicos, de los jueces de lo penal y de casación.
10. Delibera sobre las leyes [...] (CONSTITUCIÓN FRANCESA, 1793)

[5] La libre asociación de corruptos desde el siglo XIX ha subvertido el orden constitucional tanto que a cada ocurrencia le ha venido denominando como segunda, tercera, cuarta o quinta república.

[6] La Constitución de la Quinta República se olvida de los Cuadernos de Quejas, Solicitudes y Representaciones del pueblo francés, aunque mantiene la Declaración de los Derechos del Hombre y del Ciudadano, fruto del mandato popular, contenido en tales cuadernos.

CONSTITUCIÓN DE 4 DE OCTUBRE DE 1958 (QUINTA REPÚBLICA)

ARTICULO 27. Será nulo todo mandato imperativo.
El derecho de voto de los miembros del Parlamento será personal.
La ley orgánica podrá autorizar excepcionalmente la delegación de voto. En tal
caso nadie podrá recibir la delegación de más de un mandato.

Si en la Quinta República, los mandatarios dependen de sí mismos —o de sus donantes o patrocinadores de campaña electoral—, en la Primera República los mandatarios dependían con honor de los mandantes, tal como se registra en los Cuadernos de Representación del pueblo francés, en concordancia con la Declaración de Derechos del Hombre y del Ciudadano y la Constitución de 1791.

CUADERNO DE QUEJAS DEL TERCER ESTADO DE LA BAILÍA DE NANCY

La Asamblea pide que la persona de los diputados en los Estados Generales sea inviolable y sagrada, y durante todo el tiempo de la reunión no estén sometidos más que a la jurisdicción y la policía de los mismos Estados[...]
El objeto del que deben ocuparse esencialmente y en primer lugar, es el de asegurarse a Francia una Constitución buena y sólida, que fije para siempre y de la forma más clara posible los derechos del Trono y los de la Nación (HISTOIREPASSION, 2008)

francesa nacieron a través del mandato imperativo, la Declaración de Derechos del Hombre y del Ciudadano nació por mandato del pueblo contenido en los cuadernos de representación, las constituciones revolucionarias posteriores (la de 1793 y 1795) desarrollan mandatos contenidos en los cuadernos de quejas, solicitudes y representaciones del pueblo francés. Probablemente, si volviera en el tiempo La Convención Nacional que guillotinó a Luis XVI, guillotinaría a los corruptos de la Quinta República.

En España, tanto como en Francia, Italia, Perú, Argentina y México gobiernan los corruptos. La cleptocracia es la nueva forma de gobierno. Pero mejor escuchemos lo que los políticos españoles dicen de ellos mismos en la disputa electoral de candidatos a las elecciones del 10 de noviembre de 2019, el año donde hubo cuatro elecciones generales y disoluciones de parlamentos:

[…] Escucho los discursos de la vieja izquierda y derecha y siguen en el siglo pasado: izquierda y derecha peleándose […] no podemos permitirnos otra década perdida peleándose rojos, azules y azules, rojos […] ¿sabe dónde está el milagro económico del Partido Popular? En la cárcel […] Las sedes del Partido Popular en las calles de Madrid eran como el gran bazar de la corrupción: primera planta, financiación irregular; segunda planta, enriquecimiento ilícito; tercera planta, reparto de sobres con dinero medio o sobres  sueltos; en la cuarta planta, coordinando la policía patriótica –para espiar a los opositores-; y en la quinta planta, la agencia Pasadenas, liderada por Francisco Correa, líder de la trama Gürdel, quien era que con las mordidas lo que hacía era pagar los viajes gratis de todos los dirigentes del partido popular. Miren: el Partido Popular tiene doce ministros procesados por corrupción, nueve presidentes autonómicos procesados o condenados por corrupción […] (RTVE, 2019)

El ÚLTIMO DEBATE DE CANDIDATOS AL CONGRESO DEL PERÚ ha sido una forma de autocrítica severa o definición autodestructiva de los partidos políticos autodenominados PARTIDOS-VIENTRES DE ALQUILER. Todos los nuevos candidatos en debate coinciden no sólo en la autocrítica destructiva, sino en la necesidad urgente de reformas estructurales. Para los dirigentes de los partidos políticos peruanos, ex parlamentarios y nuevos candidatos al Congreso, la situación política actual y las asociaciones que postulan candidatos, son:

[…]casi todos vientres de alquiler, casi todos compuestos por personas que han militado en cuatro, cinco, seis partidos, casi todos reclutan personas y candidatos hasta el día antes de la elección, casi todos sin trayectoria, sin ideología[...]hemos visto que los empresarios compraban a sus líderes, compraban las bancadas (parlamentarias) y la ponían a su servicio[…]en este momento no existe democracia[…]hemos visto casos de blindaje y componendas[…]cuando caminamos por las calles nos dicen ladrones, nos gritan corruptos[…]los mismos corruptos participan en los gobiernos desde hace 40 años[…]los partidos políticos no son partidos políticos, sino organizaciones criminales, no lo digo yo, lo dice un juez de primera instancia, tres jueces superiores y 6 de la Corte Suprema. (ÚLTIMO DEBATE DE CANDIDATOS AL CONGRESO|ELECCIONES CONGRESALES PERÚ 2020)

En Argentina también los corruptos, en el contexto de la campaña electoral 2019, como en años anteriores, se acusan unos a otros:

La crisis es muy grave; se da en el marco de una Latinoamérica que se levanta como lo vimos en Ecuador, y como hoy lo vemos con el hermano pueblo de Chile que ha hecho una verdadera rebelión popular contra el gobierno de Piñera […] en las obras públicas hay una matriz de corrupción, se robaban la plata de las obras; no lo digo yo, lo dicen los jueces que condenaron a De Vido, Jaime y López, y lo dijo también Lavagna que renunció denunciando esto […] ellos son así, no cambian más, cuando gobiernan creen que son el dueños de la plata de los argentinos […] (los kirshneristas) nos mintieron 12 años, entregaron el país

destruido en su economía e infectaron el país de narcotráfico"
(INFOBAE, 2019).

En Chile, el pueblo se cansó de los partidos-vientres de alquiler e incendió sus locales, incendió la ciudad, le declaró la guerra a todo, a pesar de los riesgos de morir en el intento. Según los protagonistas de esta lucha social, en Chile la situación está extremadamente complicada:

El descontento popular creciente ante las condiciones de vida insostenibles imperantes en el país encontró un catalizador en la masiva acción de desobediencia civil de los estudiantes secundarios, de evasión del pago del pasaje de metro, como forma de protesta ante el alza de la tarifa decretada por el gobierno de Sebastián Piñera. Esto fue el detonador de una vasta movilización social que se ha desplegado a todo lo largo del país. Ante el fuerte estallido de protesta y la secuela de desmanes que se produjo en paralelo, el gobierno ha respondido con una fuerte represión, decretando un Estado de Emergencia y toque de queda el 18 de octubre pasado, bajo la Ley de Seguridad del Estado, los cuales se han extendido a las principales ciudades de 5 regiones. La criminalización de la protesta y la militarización crecientes están dejando un saldo alarmante de 2643 detenidos, 15 personas asesinadas, 8 personas baleadas, cientos de heridos y 4 atropellos cometidos por la fuerza represiva, según datos emitidos el 21 de octubre por el Instituto Nacional de Derechos Humanos INDH,

quien ya ha iniciado querellas por denuncia de torturas"

(Acevedo, 2019)

Igualmente, la lucha por el poder entre las facciones políticas de Bolivia

incendiaron y destruyeron todo, igual que en Chile:

Después de la denuncia de fraude en las elecciones del 20 de

octubre que ganó el MAS con 47% se desencadenó una campaña

mediática y política contra el gobierno y confluyeron en la

misma con acciones muy definidas de desestabilización los

distintos partidos de oposición, los candidatos perdedores, las

plataformas ciudadanas, los Comités Cívicos, el imperialismo

norteamericano, las oligarquías locales y el Secretario Ejecutivo

de la Organización de Estados Americanos (OEA), Luis

Almagro. Entre las acciones realizadas estuvieron la quema de

oficinas electorales, de viviendas de parlamentarios y dirigentes

del MAS y la violencia pública en varias poblaciones [...] Ante

una situación de fuerte presión y violencia, Morales tuvo que

salir, junto a su vicepresidente Álvaro García, de manera

apresurada y urgente de Bolivia por gestiones del presidente de

México, Andrés López Obrador, y de Argentina, Alberto

Fernández, que enfrentaron percances de Perú y Ecuador para el tráfico aéreo de una nave de la Fuerza Aérea Mexicana (Rada, 2020).

Si en otros países los partidos de izquierda y derecha luchan por destruirse mutuamente, en Venezuela la izquierda destruyó a la derecha, destruyó al pueblo venezolano y lo esparció por todas partes del mundo. Aunque las peleas y el entrampamiento siguen aún en condiciones actuales.

Desde hace casi una década, mi país vive una crisis política. El país lleva poco más de un año con dos presidentes: Nicolás Maduro —designado por el extinto líder socialista Hugo Chávez— y Juan Guaidó —líder de la Asamblea Nacional y reconocido como presidente encargado por más de medio centenar de naciones—. No es lo único que está bifurcado en Venezuela: toda la vida, incluso los aspectos más cotidianos, está polarizada entre chavistas y opositores. Son dos bandos que no admiten detractores o críticos y cuyos distintos intentos de negociación y diálogo han fracasado sin llegar a acuerdos.

Esa radicalización exacerbada podría amenazar la salud y vida de aproximadamente 26 millones de venezolanos que quedan luego de una diáspora migratoria de casi 6 millones de personas. Ante un hecho de fuerza mayor como la pandemia es necesario suspender la confrontación y actuar unidos de inmediato. No hacerlo podría comprometer la lucha contra el coronavirus en un país especialmente vulnerable pero también en el continente.

La situación al interior de Venezuela, donde el 80 por ciento de los hogares se encuentran en inseguridad alimentaria, rápidamente podría tornarse en un escenario desalentador: el sistema de salud del país está deteriorado y hay un alto porcentaje de la población que depende enteramente de la salud pública. Buscar maneras de darle recursos a los hospitales y a los trabajadores de la salud —quienes estaremos en la primera línea de batalla— para manejar esta crisis es un imperativo de vida o muerte [...] (Armas, 2020).

Por otra parte, vistos los sistemas pluripartidistas y las experiencias internas de ambición extrema y lucha por el poder, quedan los sistemas unipartidistas, que también se autodefinen como regímenes democráticos y se legitiman a través de elecciones populares periódicas.

Aparte de que el Nazismo de Hitler, el Fascismo y algunos movimientos hegemónicos puedan ser considerados como formas de unipartidismo, nos interesa el Partido Comunista, que lidera la lucha de clases sociales en los regímenes donde se constituye como único partido gobernante.

El Partido Comunista de China es el único partido gobernante de China [...] El Partido Comunista de China es la vanguardia de la clase obrera de China, es el fiel representante de los intereses del pueblo de las diversas etnias de China y es el núcleo dirigente de la causa socialista de China. El objetivo final del Partido es la realización del sistema social del comunismo (China Internet Information Center, 2001).

Acciones de gobierno del Partido Comunista chino:

La dirección del Estado por parte del Partido Comunista de China se refiere principalmente a la dirección en lo político, ideológico y organizativo. Sus manifestaciones principales consisten en:

Primero, organizar y dirigir las actividades de legislación del Estado y de su aplicación de las leyes.

Segundo, fortalecer la dirección sobre el ejército popular.

Tercero, dirigir y administrar el trabajo relacionado con los cuadros.

Cuarto, organizar y movilizar a la sociedad.

Quinto, prestar importancia al trabajo ideológico y político.

Para Lenin[7] y los dirigentes soviéticos, el Partido Comunista, según la Constitución de 1977, es:

---

[7] Si bien Lenin no redactó la Constitución soviética de 1977, ni la de 1936, se le incluye aquí debido a que con sus obras modeló la aplicación operativa de la teoría marxista.

# REFORMAS CONSTITUCIONALES y PARTIDOS POLÍTICOS DE SEGUNDA GENERACIÓN

La fuerza dirigente y orientadora de la sociedad soviética y el núcleo de su sistema político, de las organizaciones estatales y sociales es el Partido Comunista de la Unión Soviética. El PCUS existe para el pueblo y sirve al pueblo.

Pertrechado con la doctrina marxista leninista el Partido Comunista determina la perspectiva general del desarrollo de la sociedad, la línea de la política interior y exterior de la URSS, dirige la gran actividad creadora del pueblo soviético e imprime un carácter sistemático y científicamente formulado a su lucha por el triunfo del comunismo.

Todas las organizaciones del partido actúan en el marco de la Constitución de la URSS (NPP Garant-Service, 2003-2020)

Organización y participación política de los trabajadores en el Partido Comunista, según la Constitución soviética de 1936:

Artículo 126.— De conformidad con los intereses de los trabajadores y a fin de fomentar la iniciativa de organización y la actividad política de las masas populares, se garantiza a los ciudadanos de la URSS el derecho de agruparse en organizaciones sociales: sindicatos, asociaciones cooperativas, organizaciones juveniles, deportivas y de defensa, sociedades culturales, técnicas y científicas. Los ciudadanos más activos y más conscientes que forman parte de la clase obrera, de los campesinos trabajadores y de los intelectuales trabajadores se agrupan voluntariamente en el Partido Comunista de la Unión Soviética, destacamento de vanguardia de los trabajadores en su lucha por edificar la sociedad comunista y núcleo dirigente de todas las organizaciones de los trabajadores, tanto sociales como del Estado (Archive, 2005).

Elección directa y control de diputados o representantes políticos según la Constitución soviética de 1936:

Artículo 139. — Las elecciones de diputados son directas: todos los Soviets de diputados de los trabajadores, desde los Soviets de las localidades rurales y urbanas hasta el Soviet Supremo de la URSS, son elegidos por los ciudadanos de forma inmediata, por sufragio directo.

Artículo 140. — La votación en las elecciones de diputados es secreta.

Artículo 141. —En las elecciones, los candidatos se presentan por circunscripciones electorales.

Tienen derecho a presentar candidatos las organizaciones sociales y las asociaciones de los trabajadores: las organizaciones del

Partido Comunista, los sindicatos, las cooperativas, las organizaciones juveniles y las sociedades culturales.

Artículo 142.— Todo diputado está obligado a rendir cuenta a los electores de su labor y de la del Soviet de diputados de los trabajadores, y puede ser revocado en todo momento, por decisión de la mayoría de los electores, de acuerdo con el procedimiento previsto por la ley.

Si bien el intento de los partidos de inspiración marxista-leninista —el de luchar por la reivindicación de los campesinos y obreros, organizando su participación política y partidaria plena— podría ser considerado legítimo, los problemas de concentración de poder, corrupción y arbitrariedades terminan afectando incluso a los mismos campesinos y obreros que intentaban liberar. Se cumple inexorablemente el principio de que el poder, mediante la disposición de las cosas, debe ser refrenado por poder (Montesquieu, 2002).

La participación política en los regímenes comunistas podría mejorar —ya que el partido comunista representa al proletariado o sector obrero de clase baja— bajo las condiciones siguientes:

1. Si se instituyera la participación política organizada de la clase media por medio de otro partido político de derecho público, fundado por ley. Esto evitaría la confrontación y las

sindicaciones arbitrarias de que la clase media es pequeña burguesa, además se garantizaría el derecho humano al desarrollo de acuerdo a la calificación y creatividad personal.

2.  Si se instituyera la participación política organizada de la clase alta por medio de otro partido político de derecho público, fundado por ley. Esto evitaría la confrontación y las sindicaciones arbitrarias de que la clase alta es burguesa y opresora por naturaleza, además se garantizaría el derecho humano al desarrollo de acuerdo a la calificación y creatividad personal.

En definitiva, después de estos análisis de las situaciones políticas propias del pluripartidismo y del unipartidismo, estas *Reformas Constitucionales y Partidos Políticos de Segunda Generación* se proponen a la opinión pública para su observación, modificación, aprobación o desaprobación, y se propone también a los parlamentarios de todos los países con la finalidad de generar debate político y constitucional para la asunción de reformas sostenibles.

En forma muy especial, y para demostrar la importancia de la participación histórica y formal del pueblo en la elaboración de la ley — o tal vez para recordar a los partidos de derecho privado de la Quinta República— se incluye al final los 17 artículos la DECLARACIÓN DE LOS DERECHOS DEL HOMBRE Y DEL CIUDADANO redactado

# REFORMAS CONSTITUCIONALES y PARTIDOS POLÍTICOS DE SEGUNDA GENERACIÓN

por los diputados de la REVOLUCIÓN FRANCESA (1789-1799) de las tres órdenes, conforme a las instrucciones participativas contenidas en los cuadernos formales de representación o Cahiers des doléances. En tal sentido, se compara el contenido de cada artículo de tal documento histórico con las instrucciones o delegación de poderes de los representantes de cada orden (HISTOIREPASSION, 2008)

Además, estos nuevos principios constitucionales, aunque introducen varias reformas, se centran básicamente en REFORMAR LA PARTICIPACIÓN POLÍTICA ORGANIZADA DE LA CIUDADANÍA. Tal participación política se organiza y canaliza –bajo la reforma propuesta- mediante TRES PARTIDOS POLÍTICOS DE SEGUNDA GENERACIÓN —con personería jurídica de derecho público—, los cuales se instituyen teniendo en cuenta los intereses socioeconómicos reales de la ciudadanía. Tales partidos políticos tienen intereses no convergentes, participan bajo principios de pluralismo democrático sistemático y vigilan los intereses del soberano. Todas las reformas adicionales, como la unidad política de las familias, serán más fáciles de entender, si partimos de las reformas básicas mencionadas. En resumen, la reforma básica consiste en pasar de partidos de derecho privado o libre asociación de corruptos para gobernar a partidos de derecho público con capacidad para canalizar la soberanía popular en forma organizada, eficiente y ajustada a los intereses socioeconómicos reales de la ciudadanía.

El TÍTULO II (De los Derechos Políticos) desarrolla todas las principales propuestas de reforma política. La personería jurídica, la organización y estructura de los Partidos Políticos de Segunda Generación, los órganos partidarios, las asambleas de base, las funciones constitucionales de tales partidos, el pluralismo y la canalización de intereses no convergentes, las facultades de iniciativa legislativa, la orientación y el control de la labor de los representantes, los derechos de ciudadanía, la participación en la elaboración de la ley. Lo demás se adapta a tales principios de participación política organizada y puede ser complementado en gran medida.

Por otra parte, es probable que se observe que faltan varios capítulos que generalmente debe contener toda Constitución, con relación a tales observaciones probables, debo decir que la intención básica de estos nuevos principios constitucionales es proponer los cambios básicos anteriormente mencionados, sabiendo que toda inclusión de artículos o añadiduras vendrán a través del Parlamento.

Un detalle adicional a remarcar es que la vocación de estas Reformas Constitucionales es universal, y puede ser aplicable tanto para países en desarrollo como para los desarrollados, por cuanto en todos ellos existen sectores socioeconómicos diferentes, y en todos ellos se

# REFORMAS CONSTITUCIONALES y PARTIDOS POLÍTICOS DE SEGUNDA GENERACIÓN

requiere estabilidad política, superación de las eternas luchas por el

poder entre la izquierda y la derecha, y participación organizada de la

ciudadanía.

## PREÁMBULO

## ASAMBLEA CONSTITUYENTE

El pueblo […][8], haciendo uso de su poder constituyente, soberanía política, capacidad para auto determinarse y gestionar[9] instituciones estatales, decreta la siguiente

.

# CONSTITUCIÓN POLÍTICA[10]

---

[8] Gentilicio del pueblo: mexicano, peruano, español, francés, argentino, chileno…

[9] El soberano tiene que deliberar sobre sus leyes y gobernar. Si no existen mecanismos adecuados, hay que crear o desarrollar tales instrumentos o aplicativos.

La idea de que "el pueblo no delibera ni gobierna" (Constitución de la Nación Argentina, 1994, art. 22) ha sido el sueño de los partidos de primera generación. Impedir por todos medios (incluidos el uso de la fuerza) la organización, el desarrollo y el ejercicio efectivo de la Soberanía Popular.

[10] Entiéndanse las presentes *Reformas Constitucionales y Partidos Políticos de Segunda Generación* como búsqueda positiva de reformas, después de varios siglos de dominación política por medio de facciones, movimientos, o asociaciones partidarias de derecho privado con capacidad para mercantilizar los activos políticos de la población.

Entiéndase que así como después de Locke, Montesquieu y Rousseau nacieron nuevas formas de gobierno motivadas por la crisis del Antiguo Régimen, ahora también podrían nacer nuevas formas de gobierno motivadas por la crisis del Régimen de Alquiler actual, dominada por partidos políticos-vientres de alquiler.

Entiéndanse también como *Reformas Constitucionales* propuestas a la opinión pública, y que, bajo principios de prudencia y sencillez, deben ir analizándose las observaciones de la población especializada en temas constitucionales, y también de la no especializada.

## PRINCIPIOS GENERALES

**Artículo 1**[11].- [...][12] es una República Democrática fundada para ser la primera potencia mundial y mantener principios de armonía internacional.

El Estado ha sido instituido para garantizar a todos los [...][13] el goce de sus derechos imprescriptibles.

**Artículo 2.-** Todo el poder pertenece al pueblo, que planifica, organiza, ejecuta y controla la gestión del Estado, dentro del marco de esta Constitución Política, y las leyes que la reglamentan.

El pueblo [...][14] está conformado por mujeres y hombres, que gozan de iguales derechos y responsabilidades.

La Ley es expresión de la soberanía Popular[15].

**Artículo 3.-** El pueblo canaliza su participación política a través de tres[16] partidos políticos. Tales partidos se instituyen teniendo en cuenta la

---

[11] El primer artículo de la Constitución debe contener necesariamente la visión y misión de la República

[12] Nombre de la nación

[13] Gentilicio

[14] Gentilicio

[15] Si la Soberanía Popular es norma fundamental en las constituciones actuales, el desafío consiste en sistematizarla, de tal manera que las garantías constitucionales no sólo estén escritas en las constituciones, sino protegidas por la forma como está organizado el soberano.

### [16] De la organización del soberano

El pueblo es soberano porque está organizado, y es libre porque se auto determina. La organización del pueblo se conforma invariablemente a sus intereses de progreso.

situación socioeconómica real de la ciudadanía, y sus intereses de

progreso.

Quedan abolidos en forma irrevocable los partidos políticos con

personería jurídica de derecho privado, los movimientos independientes

---

El pueblo-masa, que sólo aspira a elegir a tientas partidos de derecho privado y listas de candidatos redactados por partidos-vientres de alquiler, no es soberano, aunque conozca el principio del contrato social de Rousseau.

El pueblo-masa, sometido a la dictadura de grupos privados, que recolectan firmas con dádivas, fundan partidos y favorecen a sus allegados, no es libre, aunque le digan que tales partidos le han otorgado una constitución.

## De la distribución social  de poderes del soberano

La distribución social  de poderes del soberano tiene la función de controlar el probable abuso de poder del soberano, ya que, "para que no se pueda abusar del poder hace falta que, por la disposición de las cosas, el poder refrene al poder" (Montesquieu, 2002, pág. 245)

El poder social  del soberano, en este caso, está sujeto a control: cada partido, en el marco de la constitución y las leyes, controla políticamente no sólo las acciones de las instituciones estatales, sino las acciones del otro partido. Entonces, ¿Quién controla al soberano? El soberano mismo.

Nótese que estos NUEVOS PRINCIPIOS CONSTITUCIONALES aseguran las libertades individuales y los objetivos constitucionales mediante la distribución jurídica de las funciones estatales (legislativo, ejecutivo, judicial) y la distribución social de la participación política de las clases alta, media y baja. De esta manera, es totalmente contrario a la demagógica participación política del pueblo-masa mediante facciones corruptas de derecho privado, o a la dictadura del proletariado comunista que intenta destruir a la clase alta o debilitarlo por todos los medios, sin saber que de esa manera también debilita a la misma clase baja.

## Partidos Políticos de segunda generación

Los tres partidos políticos organizan la participación política del soberano bajo principios de libertad, igualdad y fraternidad. Para casos probables en que las *tentativas* u oposiciones políticas entre la clase baja y la clase alta fueran insalvables, está el partido de clase media, que ayuda a superar tales diferencias

En cuanto a las funciones, atribuciones y derechos de cada partido, los tres partidos canalizan las acciones del soberano, son iguales ante y para (elaborar) la ley; están organizados y tienen igual capacidad política e influencia en las decisiones de gobierno.

y las agrupaciones que hieren los principios de autodeterminación y soberanía popular.

**Artículo 4.-** La gestión estatal se ejerce bajo principios de unidad de dirección[17] y mando, en el marco de esta Constitución Política y la garantía social de derechos fundamentales de la persona.

El pueblo constituye y gestiona instituciones estatales por medio de la Asamblea Nacional de Clases Sociales y las asambleas locales de clases sociales, conforme a ley.

**Artículo 5.-** Los diputados electos representan al pueblo en forma directa[18], responden ante él y se someten a su supervisión.

---

[17] La unidad de dirección y mando es un principio natural de todo proyecto eficiente. Como decían los Cahiers des Doleances (Cuadernos de Representación del pueblo francés) acerca del principio de la igualdad, podría decirse que la unidad de dirección es LEY NATURAL.

Pero, ¿la unidad de dirección no afecta la necesaria desconcentración del poder?

La desconcentración o distribución jurídica del poder se debe realizar siempre, aunque sin mermar ni obstruir la operatividad necesaria.

### [18] Diputados o representantes del pueblo

Los tres partidos políticos organizan al pueblo soberano, tienen derecho de iniciativa legislativa y orientan la labor legislativa del representante ante el parlamento nacional. El pueblo ejerce su soberanía y dirige a sus representantes.

Se acaba de esa manera la era dorada y corrupta de los partidos de primera generación, partidos de derecho privado o partidos-vientres de alquiler, que gozaban de capacidad ilimitada —*cheque en blanco*— para mercantilizar los activos políticos de la población o favorecer los intereses de sus auspiciadores de campaña.

La representación no puede ser indirecta, desligada ni plenipotenciaria, a menos que el soberano haya muerto o sufra de incapacidad permanente.

La ley establece los mecanismos de representación directa[19] y supervisión popular de las instituciones estatales.

**Artículo 6.-** La ciencia y la tecnología son instrumentos de libertad y democracia[20]. La democracia se afirma sobe el desarrollo de la ciencia.

El Estado impulsa el desarrollo y la aplicación democrática de tales instrumentos.

Toda persona tiene en el trabajo, la educación y la creatividad sus fuentes de desarrollo sostenible.

**Artículo 7.-** Lema del pueblo [...][21]: Libertad, Igualdad, Fraternidad.
El emblema nacional es la bandera tricolor[22][...]
El himno nacional es [...][23]
La lengua de la República es [...][24]

---

[19] Los partidos canalizan la representación directa, orientan, informan y consultan a las bases, según corresponda.

[20] Las revoluciones democráticas modernas, incluidas las reflexiones ilustradas y las actuales, se han afirmado y legitimado sobre las revoluciones científicas previas, ya que la materia sigue al pensamiento. Tales revoluciones científicas han liberado la mente de la humanidad de muchas ataduras históricas contrarias a la libertad y dignidad humana. Es deber de todos los hombres libres impulsar su desarrollo, tal como lo han hecho Copérnico, Galileo, Newton, Tesla, Einstein, Gates...

[21] Lema del pueblo francés: Libertad, Igualdad, Fraternidad (CONSTITUCIÓN FRANCIA, 1958)
Principio político del pueblo francés: gobierno del pueblo, por el pueblo y para el pueblo.

[22] Cada color debe representar a una clase social.

[23] Según acuerdo político.

[24] La propia de cada nación.

# REFORMAS CONSTITUCIONALES y PARTIDOS POLÍTICOS DE SEGUNDA GENERACIÓN

## TÍTULO I

## DE LA PERSONA Y LA SOCIEDAD

## Capítulo I

## De los Derechos y Garantías Fundamentales

**Artículo 8.-** Toda persona tiene derecho[25]:

1. A la protección de su vida[26] contra toda agresión arbitraria.

   A la identidad, a la integridad física y psicológica.

2. A gozar de igual dignidad social.

   La pobreza, sobre todo la pobreza extrema, es un atentado contra

   todos los derechos fundamentales[27].

---

[25] Estos derechos se vinculan a la dignidad humana y están escritos casi en todas las constituciones, de una u otra manera, desde tiempos de la revolución francesa. Adaptando a los nuevos principios de participación política organizada de la ciudadanía bajo principios de igualdad política plena, en la redacción de este capítulo se va a tomar como referencia los siguientes textos constitucionales: Declaración de los Derechos del Hombre y del Ciudadano, Constitución Francesa de 1793, La Constitución de Francia de 1958, Constitución del Perú de 1993, La Constitución de España de 1978, Constitución de Italia de 1947.

[26] Aunque creamos que los organismos internacionales son sólo burocracias inmensas que sirven a intereses privados y esquilman a las naciones, vamos a recoger algunos aciertos en materia de protección legal de la vida de la persona humana:

**Pacto Internacional de Derechos Civiles y Políticos**
**Artículo 6**
1. El derecho a la vida es inherente a la persona humana. Este derecho estará protegido por la ley. Nadie podrá ser privado de la vida arbitrariamente.

**Convención Americana sobre Derechos Humanos**
**Artículo 4**
1. Toda persona tiene derecho a que se respete su vida. Este derecho estará protegido por la ley y, en general, a partir del momento de la concepción. Nadie puede ser privado de la vida arbitrariamente.

[27] LA POBREZA COMO ATENTADO CONTRA TODOS LOS DERECHOS HUMANOS

El trabajo perseverante, la educación, y la participación política en igualdad de condiciones, son las bases del desarrollo sostenible.

La ley impulsa mecanismos especiales de trabajo, educación gratuita y participación política organizada de personas en situación socioeconómica de pobreza y pobreza extrema.

El pueblo organizado y la ley protegen a las personas en situación socioeconómica de pobreza contra la esclavitud de hecho y la servidumbre por deudas o cualesquiera otras formas.

3. A la innovación y al desarrollo[28].

---

¿Qué es la pobreza para los organismos de derechos humanos?

1. Corte Interamericana de Derechos Humanos:

   La población en condición de pobreza vive en la humillación de la miseria, sin la menor condición de crear siquiera su proyecto de vida; experimenta un estado de padecimiento equivalente a una muerte espiritual; la muerte física que a ésta sigue, en tales circunstancias, es la culminación de la destrucción total del ser humano [...] en estas condiciones resulta casi impracticable el acercamiento a las instituciones públicas o incluso tener consciencia de sus derechos civiles y políticos.

2. Instituto Interamericano de Derechos Humanos:

   La Comisión Interamericana de Derechos Humanos (CIDH) ha resaltado igualmente que el Preámbulo del Protocolo Adicional a la Convención Americana sobre Derechos Económicos, Sociales y Culturales, "Protocolo de San Salvador" reconoce en forma expresa la estrecha relación que existe entre la vigencia de los derechos económicos, sociales y culturales y la de los derechos civiles y políticos, por cuanto las diferentes categorías de derechos constituyen un todo indisoluble que encuentra su base en el reconocimiento dela dignidad de la persona humana, porllo cual exigen una tutela y promoción permanente con el objeto de lograr su vigencia plena, sin que jamás pueda justificarse la violación de unos en aras de la realización de otros. La CIDH ha reiterado en numerosas ocasiones que la pobreza es una denegación fundamental de los derechos humanos. (INSTITUTO INTERAMERICANO DE DERECHOS HUMANOS, 2016)

La ley auspicia el desarrollo del talento humano y protege toda propiedad intelectual, artística, tecnológica y científica de la persona.

4. A la protección de la honra, la buena reputación, la vida privada personal y familiar de toda intromisión arbitraria[29].

Las comunicaciones y documentos personales son secretos e inviolables[30]; salvo mandato judicial debidamente motivado que autoriza su intervención, incautación y apertura.

---

[28] El derecho a la innovación, y la protección de creaciones intelectuales, aspectos de suma importancia para el desarrollo del talento humano y de la sociedad.

[29] Normas internacionales que protegen este derecho:
Declaración Universal de Derechos Humanos
Artículo 12

Nadie será objeto de injerencias arbitrarias en su vida privada, su familia, su domicilio o su correspondencia, ni de ataques a su honra o a su reputación
Toda persona tiene derecho a la protección de la ley contra tales injerencias o ataques.

Convención Americana sobre Derechos Humanos
Artículo 14

1.- Toda persona afectada por informaciones inexactas o agraviantes emitidas en su perjuicio a través de medios de difusión legalmente reglamentarios, y que se dirijan al público en general, tiene derecho a efectuar por el mismo órgano de difusión su rectificación o respuesta en las condiciones que establezca la ley.
2.- En ningún caso la rectificación o la respuesta eximirán de las otras responsabilidades legales en que se hubiese incurrido
3.- Para la efectiva protección de la honra y la reputación, toda publicación o empresa periodística cinematográfica d radio o televisión tendrá una persona responsable que no esté protegida por inmunidades ni disponga de fuero especial.

[30] La inviolabilidad de las comunicaciones privadas formaba parte de los CUADERNOS DE QUEJAS o instrucciones formales a los diputados del pueblo francés para la celebración de los Estados Generales.

La ley prescribe los mecanismos de fiscalización de libros y documentos contables.

5. A la igualdad política plena y a las condiciones para su ejercicio[31].

Los ciudadanos tienen derecho de participación política en forma personal y organizada.

---

[31] LA IGUALDAD POLÍTICA PLENA COMO GARANTÍA ESTATAL O DERECHO FUNDAMENTAL

La igualdad política plena de los integrantes del pueblo soberano, con las condiciones para su ejercicio efectivo, es un principio fundamental del sistema democrático, o un derecho inalienable garantizado. El Estado se instituye para tal fin.

Los partidos de derecho privado o asociaciones-vientres de alquiler no están calificados para garantizar ese tipo de derechos al pueblo soberano, aunque intentaran reformarse de mil maneras. El soberano no puede ser canalizado por medio de intereses o asociaciones privadas-vientres de alquiler. Los intereses de progreso del soberano no son los intereses de los fundadores de tales partidos, ni de los empresarios de tales partidos, ni de sus dirigentes, ni de sus afiliados, ni de sus invitados de turno.

## COSTO BENEFICIO DE LA IGUALDAD POLÍTICA PLENA

### QUIÉNES PIERDEN

Pierden los corruptos, las asociaciones políticas de iniciativa privada, los partidos de primera generación, los partidos vientres de alquiler, los partidos de izquierda, derecha, ultra derecha, extrema izquierda, conservadores, centristas, los partidos fascistas, nacional socialistas.

### QUIÉNES GANAN

1. Gana la clase alta decente, ya que no tendrá que financiar más a partidos corruptos.
2. Gana la clase media, por su posición estratégica y dirimente en caso de conflictos políticos entre la clase alta y baja.
3. Gana la clase baja, ya que podrá participar por primera vez en la historia en el planeamiento, organización, ejecución y control de políticas estatales, o en su propia autogestión.

Las clases sociales alta, media y baja gozan de iguales oportunidades políticas y condiciones para su realización: cada grupo social organiza y canaliza su participación política a través de un partido político propio.

El Estado garantiza la participación política plena de sectores socioeconómicos en situación de desigualdad.

6. A la igualdad ante la ley[32]. Nadie debe ser discriminado ni mantener privilegios legales por razones de sexo, raza, nacimiento, situación socioeconómica o cualquier otra índole.

---

[32] La igualdad formal ante la ley, su trascendencia histórica, revolucionaria y enorme importancia social, no puede estar mejor definida o explicada con tantos detalles que por la misma revolución francesa, que la instituyó. Así, podemos leer en el preámbulo de la Constitución de 1791:

> La Asamblea Nacional, queriendo establecer la Constitución francesa sobre los principios que ella ha reconocido y declarado, <u>abole irrevocablemente las instituciones que hieren la libertad y la igualdad de los derechos</u>. Ya no hay nobleza, ni procerato (pairie), ni distinciones hereditarias, ni distinciones de órdenes, ni régimen feudal, ni justicias patrimoniales, ni ninguno de los títulos, denominaciones y prerrogativas que de aquéllas derivaban, ni ningún orden de caballería, ni ninguna de las corporaciones o condecoraciones, en las que se exigían pruebas de nobleza, o suponían distinciones de nacimiento, ni ninguna otra superioridad, más que la de los funcionarios públicos en el ejercicio de sus funciones. Ya no hay venalidad, ni herencia de ningún oficio público. Ya no hay, para ninguna parte de la Nación, ni para ningún individuo, privilegio o excepción alguna al derecho común de todos los franceses. Ya no hay cofradías, ni corporaciones de profesiones, artes y oficios. La ley ya no reconocerá ni votos religiosos, ni ningún otro compromiso que sea contrario a los derechos naturales o a la Constitución".

La igualdad formal y la declaración de igual dignidad social es básica en el ordenamiento democrático. Las leyes democráticas establecen como fundamentales la no existencia de privilegios por razones de nacimiento, raza, sexo, religión o condición socioeconómica. La obligación del Estado, como dice la Constitución italiana actual, es:

"Principios Fundamentales

La ley es la misma[33] tanto cuando, protege, premia, como cuando

---

## Artículo 3

Todos [...] tendrán la misma dignidad social y serán iguales ante la ley [...] Constituye obligación de la República suprimir los obstáculos de orden económico, y social que, limitando de hecho la libertad y la igualdad de los ciudadanos impiden el pleno desarrollo de la persona humana y la participación efectiva de todos los trabajadores en la organización política, económica y social del país"

Este derecho esencial, históricamente, lo consagra la revolución francesa:

DECLARACIÓN DE DERECHOS DEL HOMBRE Y DEL CIUDADANO

### Artículo 1

Los hombres nacen libres e iguales en derechos
[...]

## Artículo 6

La ley es la expresión de la voluntad general. Todos los ciudadanos tienen el derecho de concurrir a su formación personalmente o por representantes. Debe ser la misma para todos lo mismo cuando proteja como
cuando castigue. Siendo todos los ciudadanos iguales ante ella, son igualmente admisibles a todas las dignidades, cargos y empleos públicos según su capacidad, sin otra distinción que la de su virtud o la de su talento"

En cuanto a las primeras constituciones de la Revolución Francesa, sobresale la de 1793, que, además de establecer la soberanía en el pueblo, y los mecanismos de su ejercicio, con relación a este derecho, dice:

ACTA CONSTITUCIONAL DEL 24 DE JUNIO DE 1793...

DECLARACIÓN DE DERECHOS DEL HOMBRE Y DEL CIUDADANO

## Artículo 3.

Todos los hombres son iguales en naturaleza y ante la ley".

Desde su consagración por la revolución francesa, este derecho forma parte esencial del ordenamiento jurídico nacional e internacional, como por ejemplo:

Convención Americana sobre Derechos Humanos

## Artículo 24.

Todas las personas son iguales ante la ley. En consecuencia tienen derecho, sin discriminación, a igual protección de la ley"

LA IGUALDAD ANTE LA LEY POR PAÍSES:

## ESPAÑA

Artículo 14 de la Constitución:

Los españoles son iguales ante la ley, sin que pueda prevalecer discriminación alguna por razón de nacimiento, raza, sexo, religión, opinión o cualquier otra

castiga.

7. A concurrir a la formación de la ley[34], a observar, modificar y

reformar la constitución, conforme a procedimientos de

participación política personal y organizada.

---

condición o circunstancia personal o social.

ITALIA

Artículo 3 de la Constitución:

Todos los ciudadanos tendrán la misma dignidad social y serán iguales ante la ley, sin distinción de sexo, raza, lengua, religión, opiniones políticas ni circunstancias personas y sociales.
Constituye obligación de la Republica suprimir los obstáculos de orden económico y social que, limitando de hecho la libertad y la igualdad de los ciudadanos, impiden el pleno desarrollo de la persona humana y la participación efectiva de todos los trabajadores en la organización política, económica y social del país.

PERÚ

Artículo 2 de la Constitución:

A la igualdad ante la ley. Nadie debe ser discriminado por motivo de origen, raza, sexo, idioma, religión, opinión, condición económica o de cualquiera otra índole.

Ecuador

Artículo 11 de la Constitución:

Todas las personas son iguales y gozarán de los mismos derechos, deberes y oportunidades [...] El Estado adoptará medidas de acción afirmativa que promuevan la igualdad real en favor de los titulares de derechos que se encuentren en situación de desigualdad.

Argentina

Artículo 16 de la Constitución:

La Nación Argentina no admite prerrogativas de sangre, ni de nacimiento: No hay en ella fueros personales ni títulos de nobleza. Todos sus habitantes son iguales ante la ley, y admisibles en los empleos sin otra condición que la idoneidad. La igualdad es la base del impuesto y de las cargas públicas.

[33] Principio igualmente establecido desde la revolución francesa, y mantenido en forma explícita o tácitamente en las legislaciones nacionales e internacionales.

[34] Derecho garantizado por la revolución francesa en la Constitución de 1793:

A participar en los asuntos públicos personalmente, o por medio de representantes directos.

8. Al pluralismo religioso y a la tolerancia[35]. La práctica individual o asociada de las confesiones religiosas es libre, siempre que predique la paz y respete el orden público establecido por la ley[36].

La ley no impone doctrinas religiosas.

9. A informar, expresar y difundir el pensamiento[37], sin autorización ni censura previa, bajo las responsabilidades de ley[38]

---

ACTA COSTITUCIONAL DE 1793

Artículo 29
    Cada ciudadano tiene un derecho igual a concurrir a la formación de la ley y a la designación de sus mandatarios y de sus agentes"

Esta garantía impulsa la creatividad, la innovación y el desarrollo de la participación política activa de todo ciudadano que, aunque no sienta mucha motivación para ejercer cargos públicos, puede tener una visión política superior y proponer leyes por medio del partido que los organiza.

[35] Las confesiones religiosas son diversas, predican la paz y la tolerancia. El Estado garantiza a toda persona el derecho a confesar y manifestar su creencia religiosa o a cambiarla por otra, sin ser perseguida o incomodada por tal motivo.

[36] Derecho de libertad religiosa establecida ya desde la revolución francesa. La única limitación es la no perturbación del orden público establecido por la ley:

Declaración de Derechos del Hombre y del Ciudadano

Artículo 10
    Nadie debe ser incomodado por sus opiniones, inclusive religiosas, con tal que su manifestación no perturbe el orden público establecido por la ley.

[37] La DECLARACIÓN DE LOS DERECHOS DEL HOMBRE Y DEL CIUDADANO (en concordancia con las solicitudes contenidas en los Cuadernos de Quejas del pueblo francés) del 26 de agosto de 1789, dice acerca de este derecho:

DERECHOS DEL HOMBRE Y DEL CIUDADANO

Artículo 11

# REFORMAS CONSTITUCIONALES y PARTIDOS POLÍTICOS DE SEGUNDA GENERACIÓN

relacionadas directamente con la protección de la honra de la

---

> La libre comunicación de pensamientos y de opiniones es uno de los derechos más preciados del hombre. Cada ciudadano puede, en consecuencia, hablar, escribir e imprimir con libertad, pero será responsable de los abusos de esta libertad en los casos determinados por la ley.

[38] Las responsabilidades de ley o límites a la libertad de expresión establecidos por el Pacto Internacional de Derechos Civiles y Políticos:

## Pacto Internacional de Derechos Civiles y Políticos

Artículo 19

1. [...]
2. Toda persona tiene derecho a la libertad de expresión; este derecho comprende la libertad de buscar, recibir y difundir informaciones e ideas de toda índole, sin consideración de fronteras, ya sea oralmente, por escrito, o en forma impresa o artística, o por cualquier otro procedimiento de su elección.
3. El ejercicio del derecho previsto en el párrafo 2 de este artículo entraña deberes y responsabilidades especiales. Por consiguiente puede estar sujeto a ciertas restricciones que deberán sin embargo estar expresamente fijadas por la ley y ser necesarias para:
a. Asegurar el respeto a los derechos o a la reputación de los demás;
b. La protección de la seguridad nacional, el orden público, la salud o la moral públicas.

La Convención Americana sobre Derechos Humanos explicita la normatividad relacionada con la libertad de expresión:

## Convención Americana sobre Derechos Humanos

Artículo 13

1. Toda persona tiene derecho a la libertad de pensamiento y de expresión. Este derecho comprende la libertad de buscar, recibir y difundir informaciones e ideas de toda índole sin consideración de fronteras, ya sea oralmente, por escrito o en forma impresa o artística, o por cualquier otro procedimiento de su elección
2. El ejercicio del derecho previsto en el inciso precedente no puede estar sujeto a previa censura sino a responsabilidades ulteriores las que deben estar expresamente fijadas por la ley, y ser necesarias para asegurar:
a. el respeto a los derechos o a la reputación de los demás o
b. la protección de la seguridad nacional el orden público o la salud o la moral públicas.
3. No se puede restringir el derecho de expresión por vías o medios indirectos, tales como el abuso de controles oficiales o particulares de papel para periódicos, de frecuencias radioeléctricas, o de enseres y aparatos usados en la difusión de información o por cualesquiera otros medios encaminados a impedir la comunicación y la circulación de ideas y opiniones.
4. Los espectáculos públicos pueden ser sometidos por la ley a censura previa con el exclusivo objeto de regular el acceso a ellos para la protección moral de la infancia y la adolescencia. sin perjuicio de lo establecido en el inciso 2.

persona humana y el orden público establecido por la ley.

10. A la inviolabilidad del domicilio. Nadie debe penetrar el domicilio sin el consentimiento de la persona que la habita o sin autorización judicial, salvo en casos de delito flagrante.

11. A la libertad de tránsito y residencia, dentro o fuera del país. La ley establece limitaciones a tales derechos por razones de sanidad pública, mandato judicial o ley de extranjería.

12. A la libertad de reunirse pacíficamente sin armas[39], en locales privados y abiertos al público, sin autorización previa.

---

5. Estará prohibida por la ley toda propaganda en favor de la guerra y toda apología del odio nacional, racial o religioso, que constituyan incitaciones a la violencia o cualquier otra acción ilegal similar contra cualquier persona o grupo de personas, por ningún motivo, inclusive los de raza, color, religión, idioma u origen nacional.

[39] Derecho internacional relevante relacionado con la libertad de reunión y manifestación:

I.- PRIMERO

"Pacto Internacional de derechos civiles y políticos

Artículo 21

Se reconoce el derecho de reunión pacífica. El ejercicio de tal derecho sólo podrá estar sujeto a las restricciones previstas por la ley que sean necesarias en una sociedad democrática, en interés de la seguridad nacional, de la seguridad pública o del orden público, o para proteger la salud o la moral públicas o los derechos y libertades de los demás"

II.- SEGUNDO

Convención Americana sobre Derechos Humanos

Artículo 15

Se reconoce el derecho de reunión pacífica y sin armas. El ejercicio de tal derecho sólo puede estar sujeto a las restricciones previstas por la ley, que sean necesarias en una sociedad democrática, en interés de la seguridad nacional, de la seguridad o del orden públicos, o para proteger la salud o la moral públicas o los derechos o libertades de los demás.

Las manifestaciones en plazas y vías públicas se anuncian a la autoridad en forma anticipada; y      pueden ser prohibidas, conforme a ley, por razones probadas de seguridad y orden público.

13. A la libertad de empresa, comercio e industria con finalidad lícita.

14. A la libertad de asociación, fundación y creación de personas jurídicas, con arreglo a ley, sin autorización previa.

Tales derechos no pueden ser invocados para socavar la soberanía popular.

Incurren en delito de sedición las personas que se asocian para fundar un partido político de derecho privado[40]y se autoproclaman  o designan candidatos de elección popular entre sus allegados.

15. A la legítima defensa.

---

[40] Estas facciones o  movimientos privados, en palabras de sus dirigentes, ex parlamentarios y nuevos candidatos, son:

> […] casi todos vientres de alquiler, casi todos compuestos por personas que han militado en cuatro, cinco, seis partidos, casi todos reclutan personas y candidatos hasta el día antes de la elección, casi todos sin trayectoria, sin ideología…hemos visto que los empresarios compraban a sus líderes, compraban las bancadas (parlamentarias) y la ponían a su servicio…en este momento no existe democracia…hemos visto casos de blindaje y componendas…cuando caminamos por las calles nos dicen ladrones, nos gritan corruptos…los mismos corruptos participan en los gobiernos desde hace 40 años…los partidos políticos no son partidos políticos, sino organizaciones criminales, no lo digo yo, lo dice un juez de primera instancia, tres jueces superiores y 6 de la Corte Suprema (ÚLTIMO DEBATE DE CANDIDATOS AL CONGRESO|ELECCIONES CONGRESALES PERÚ 2020)

Cada persona tiene derecho a proteger sus derechos y sus libertades con todos los medios que no prohíbe la ley (CONSTITUCIÓN FEDERACIÓN RUSA, 1993).

16. A la libertad, seguridad personal y al debido proceso. Por lo tanto:

a) La ley sólo puede prever las penas que son estricta y evidentemente necesarias (CONSTITUCIÓN FRANCESA, 1793). Todo lo que no está prohibido por la ley no puede ser impedido. Nadie puede ser constreñido a ejecutar lo que ella no ordena[41].

b) La libertad y seguridad personal sólo se restringen en los casos determinados por la ley.

c) Nadie debe ser castigado sino en virtud de una ley promulgada con anterioridad a la comisión del delito (DECLARACIÓN DE DERECHOS DEL HOMBRE Y DEL CIUDADANO, 1789).

d) Ninguna persona debe ser acusada, arrestada ni mantenida en confinamiento excepto en los casos determinados por la ley y de

---

[41] De esta manera estamos recuperando lo consagrado por la Revolución Francesa que desarrolló textos constitucionales en cumplimiento del mandato contenido en los Cuadernos de Representación y es una de las grandes fuentes de redacción del constitucionalismo contemporáneo:

DECLARACIÓN DE DERECHOS DEL HOMBRE Y DEL CIUDADANO

Artículo5

La ley tiene derecho de prohibir las acciones nocivas a la sociedad. Todo lo que no está vedado por la ley, no puede ser impedido; y nadie puede ser constreñido a ejecutar lo que ella no ordena

acuerdo a las formas por ésta prescritas. Todo aquel promueva, solicite, ejecute o haga que sean ejecutadas órdenes arbitrarias, debe ser castigado, y todo ciudadano requerido o aprehendido en virtud de la ley debe obedecer inmediatamente, y se hace culpable si ofrece resistencia (DECLARACIÓN DE DERECHOS DEL HOMBRE Y DEL CIUDADANO, 1789).

e) Toda persona es considerada inocente hasta que ha sido convicta. Por lo tanto, siempre que su detención se haga indispensable, se ha de evitar por la ley cualquier rigor mayor del indispensable para asegurar su persona (DECLARACIÓN DE DERECHOS DEL HOMBRE Y DEL CIUDADANO, 1789).

f) La ley protege a las personas en situación socioeconómica de pobreza contra la esclavitud de hecho y la servidumbre por deudas o cualesquiera otras formas.

**Artículo 9.-** La enumeración de los derechos establecidos en este capítulo no excluye los demás que la Constitución garantiza, ni otros de naturaleza análoga o que se fundan en la dignidad del hombre, o en los principios de soberanía del pueblo, del Estado democrático de derecho y de la forma republicana de gobierno (CONSTITUCION PERU, 2019).

## Capítulo II

## De los Derechos Sociales y Económicos

### De la Familia

**Artículo 10.-** La familia[42] es la comunidad solidaria natural anterior a las instituciones estatales. Es esencial para el desarrollo del ser humano y del ciudadano.

---

[42] PROTECCIÓN DE LA FAMILIA SEGÚN EL DERECHO INTERNACIONAL EXISTENTE:

DECLARACIÓN UNIVERSAL DE DERECHOS HUMANOS

Artículo 16

1. Los hombres y las mujeres, a partir de la edad núbil, tienen derecho, sin restricción alguna por motivos de raza, nacionalidad o religión, a casarse y fundar una familia, y disfrutarán de iguales derechos en cuanto al matrimonio, durante el matrimonio y en caso de disolución del matrimonio.
2. Sólo mediante libre y pleno consentimiento de los futuros esposos podrá contraerse el matrimonio.
3. La familia es el elemento natural y fundamental de la sociedad y tiene derecho a la protección de la sociedad y del Estado.

Pacto Internacional de los Derechos Civiles y Políticos

Artículo 23

La familia es el elemento natural y fundamental de la sociedad y tiene derecho a la protección de la sociedad y del Estado.
Se reconoce el derecho del hombre y de la mujer a contraer matrimonio y a fundar una familia si tienen edad para ello.
El matrimonio no podrá celebrarse sin el libre y pleno consentimiento de los contrayentes.
Los Estados Partes en el presente Pacto tomarán las medidas apropiadas para asegurar la igualdad de derechos y de responsabilidades de ambos esposos en cuanto al matrimonio, durante el matrimonio y en caso de disolución del mismo. En caso de disolución, se adoptarán disposiciones que aseguren la protección necesaria a los hijos."

"Declaración Americana de los Derechos y Deberes del Hombre

Artículo 6

Toda persona tiene derecho a constituir familia, elemento fundamental de la sociedad, y a recibir protección para ella".

**Artículo 11.-** La familia canaliza su participación política a través de un partido político[43]. Los intereses socioeconómicos de la familia son únicos y convergentes[44]. La ley protege la solidaridad y unidad política familiar[45].

**Artículo 12.-** Toda persona tiene derecho a contraer matrimonio, con plena igualdad jurídica.

La ley regula la forma del matrimonio y las causas de separación y disolución.

**Artículo 13.-** La unión estable de un varón y una mujer, libres de impedimento matrimonial, que forman un hogar de hecho por el tiempo y en las condiciones que señala la ley, da lugar a una comunidad de bienes que se sujeta al régimen de la sociedad de gananciales en cuanto sea aplicable (CONSTITUCION PERU, 2019).

---

[43] La familia no sólo tiene una misión natural sino una misión política que se organiza y fortalece a través de un partido político adaptado a su situación socioeconómica real y a sus intereses de progreso. Quedan abolidas las prácticas corruptas de las asociaciones políticas-vientres de alquiler, que dividían a las familias —tanto como a la sociedad— para mantenerse en el poder.

[44] De tal manera que es política y socialmente contraproducente que haya disputa política entre los miembros de una familia o  que el padre pueda canalizar su participación política por medio de un partido político A, la madre por medio de un partido político B, el hijo por medio de un partido político C, la hija por medio de un partido político D.

[45] La ley, que es expresión de la soberanía popular, une a la familia y protege valores que naturalmente ya tienen efectos positivos.

**Artículo 14.-** Los  pactos de solidaridad entre personas del mismo sexo generan derechos y deberes de asistencia mutua, conforme a ley.

**Artículo 15.-** El niño, el adolescente, el anciano y la persona con discapacidad son protegidos por el Estado ante el abandono económico, corporal, moral[46].

**Artículo 16.-** El estado establece la política nacional de población y planificación familiar[47].

---

[46] Constitución política del Perú, 12 de julio de 1979, artículo 8:

> El niño, el adolescente y el anciano son protegidos por el Estado ante el abandono económico, corporal o moral

[47] Decreto Legislativo 346

Ley de Política Nacional de Población

> El presente Decreto Legislativo aprueba la Ley de Política Nacional de Población, con la finalidad de promover una equilibrada y armónica relación entre el crecimiento, estructura y distribución territorial de la población y el desarrollo económico y social.

OBJETIVOS:

Artículo 1.
La presente ley tiene los siguientes objetivos:

1. Promover una equilibrada y armónica relación entre el crecimiento, estructura y distribución territorial de la población y el desarrollo económico y social teniendo en cuenta que la economía esté al servicio del hombre
2. Promover y asegurar la decisión libre informada y responsable de las personas y las parejas sobre el número y espaciamiento de los nacimientos proporcionando para ello los servicios educativos y de salud para contribuir a la estabilidad y solidaridad familiar y mejorar la calidad de vida
3. Lograr una reducción significativa de la morbi-mortalidad, especialmente entre las madres y los niños mejorando los niveles de salud y de vida de la población
4. Lograr una mejor distribución de la población en el territorio en concordancia con el uso adecuado de los recursos, el desarrollo regional y la seguridad nacional"

Los partidos de las clases sociales participan en la elaboración nacional de políticas poblacionales sostenibles[48].

**Artículo 17.-** La cantidad de hijos de cada familia debe ser proporcional a su capacidad económica.

**Artículo 18.-** Los cónyuges tienen el deber de planificar y tener los hijos que pueden alimentar, educar y dar seguridad. Los hijos tienen el deber de respetar y asistir a sus padres[49].

**Artículo 19.-** Todos los hijos tienen iguales derechos y deberes (CONSTITUCION PERU, 2019).

Están exentos de responsabilidad penal los menores de 15 años[50].

---

[48] Los PARTIDOS DE SEGUNDA GENERACIÓN tienen el derecho y el deber de proponer y aprobar leyes para que el crecimiento demográfico de los sectores socioeconómicos que organizan concuerde con el plan de desarrollo socioeconómico sostenible, o plan nacional de la reducción de la desigualdad.

[49] Deberes para con los hijos y los padres. Reconocimiento internacional de tales relaciones familiares.

Declaración Americana de los Derechos y Deberes del Hombre

Artículo 30

    Toda persona tiene el deber de asistir alimentar educar y amparar a sus hijos menores de edad y los hijos tienen el deber de honrar siempre a sus padres y el de asistirlos, alimentarlos y ampararlos cuando éstos lo necesiten.

[50] Aunque se creía que los adolescentes deberían estar exentos de toda decisión importante sobre su futuro y de responsabilidad penal hasta los 18 años, el derecho civil ya había establecido cierto reconocimiento de derechos de autodeterminación a partir de ciertas edades, tal como se aprecia en los siguientes textos del Código Civil:

1. Que el adoptado preste su asentimiento si es mayor de diez años (inciso 4 del artículo 378).
2. El menor capaz de discernimiento puede aceptar donaciones, legados y herencias voluntarias siempre que sean puras y simples, sin intervención de sus padres. También puede ejercer derechos estrictamente personales (artículo 455).
3. [...] pueden celebrar contratos relacionados con las necesidades

## Capítulo III

### De la Educación, la Ciencia y la Tecnología.

**Artículo 20.-** La educación es un derecho y un deber fundamental[51]. Es estratégica para alcanzar objetivos constitucionales establecidos en el artículo 1 de esta Constitución.

**Artículo 21.-** El Estado garantiza la libertad de enseñanza. La escuela es virtual y física. Las instituciones educativas son promovidas por entidades públicas o privadas.

**Artículo 22.-** El Estado impulsa la educación virtual, el uso intensivo de tecnología, la investigación y el desarrollo de pensamiento crítico[52].

---

ordinarias de su vida diaria (artículo 1358)
4. El menor que ha cumplido catorce años [...] puede recurrir al juez contra los actos del tutor (artículo 530).

[51] DERECHO A LA EDUCACIÓN Y RECONOCIMIENTO INTERNACIONAL:

DECLARACIÓN AMERICANA DE LOS DERECHOS Y DEBERES DEL HOMBRE

Artículo XII.

Toda persona tiene derecho a la educación, la que debe estar inspirada en los principios de libertad, moralidad y solidaridad humanas.

Asimismo tiene el derecho de que, mediante esa educación, se le capacite para lograr una digna subsistencia, en mejoramiento del nivel de vida y para ser útil a la sociedad.

El derecho de educación comprende el de igualdad de oportunidades en todos los casos, de acuerdo con las dotes naturales, los méritos y el deseo de aprovechar los recursos que puedan proporcionar la comunidad y el Estado.

[52] Sólo de esta manera se supera  el enciclopedismo y el memorismo como método de enseñanza aprendizaje.

**Artículo 23.-** Los padres tienen el deber de educar a sus hijos y participar en su educación escolarizada.

**Artículo 24.-** La educación estatal escolarizada se desarrolla bajo principios de simplificación y pragmatismo.

**Artículo 25.-** La educación tiene trato prioritario en la asignación de recursos del presupuesto nacional. Los recursos económicos estatales se invierten en el sistema educativo siguiendo principios de eficiencia y necesidad manifiesta.

**Artículo 26.-** La gratuidad[53] de la educación pública es exclusiva para el sector socioeconómico bajo.

**Artículo 27.-** El Estado promueve la creación de centros de educación donde la población los requiera (CONSTITUCION PERU, 2019)

---

[53] Esta acción política del Estado busca la reducción de la desigualdad social, de tal manera que quienes nacieron pobres puedan mediante la educación —el trabajo y la organización política— lograr la igualdad de oportunidades sociales.

Tal acción política del Estado se puede observar de alguna manera en la Constitución de 1979.

CONSTITUCIÓN DE 1979, CAPITULO IV,

Artículo 21

El derecho a la educación y a la cultura es inherente a la persona humana [...] Se inspira en los principios de la democracia social.

Artículo 25

[...]Se complementa con la obligación deber contribuir a la nutrición de los escolares que carecen de medios económicos y la de proporcionarles útiles.

**Artículo 28.-** La educación universitaria tiene finalidad estratégica fundamental. El desarrollo de la formación profesional se realiza a través de la creación intelectual, la investigación científica y tecnológica[54]. El Estado impulsa la innovación y el desarrollo de tecnología a través de las universidades.

## Capítulo IV

### Del Trabajo

**Artículo 29.-** El trabajo constituye la base del desarrollo sostenible de toda persona y de la sociedad.

Toda persona tiene derecho al trabajo y el deber de trabajar[55].

---

[54] Reconocimiento internacional de tales derechos:

PACTO INTERNACIONAL DE LOS DERECHOS ECONÓMICOS, SOCIALES Y CULTURALES

Artículo 15

1. Los Estados Partes en el presente Pacto reconocen el derecho de toda persona a:
a) Participar en la vida cultural;
b) Gozar de los beneficios del progreso científico y de sus aplicaciones;
c) Beneficiarse de la protección de los intereses morales y materiales que le correspondan por razón de las producciones científicas, literarias o artísticas de que sea autora.
2. Entre las medidas que los Estados Partes en el presente Pacto deberán adoptar para asegurar el pleno ejercicio de este derecho, figurarán las necesarias para la conservación, el desarrollo y la difusión de la ciencia y de la cultura.
3. Los Estados Partes en el presente Pacto se comprometen a respetar la indispensable libertad para la investigación científica y para la actividad creadora.
4. Los Estados Partes en el presente Pacto reconocen los beneficios que derivan del fomento y desarrollo de la cooperación y de las relaciones internacionales en cuestiones científicas y culturales.

**Artículo 30.-** Principios que regulan la relación laboral[56].

En la relación laboral se respetan los siguientes principios:

1.     Igualdad de oportunidades sin discriminación.

2.     Carácter irrenunciable de los derechos reconocidos por la

Constitución y la ley.

3.     Interpretación favorable al trabajador en caso de duda

insalvable sobre el sentido de una norma.

**Artículo 31.-** El Estado protege especialmente a la mujer embarazada y

al impedido que trabajan[57].

---

[55] EL TRABAJO COMO DERECHO PROTEGIDO Y DEBER SOCIAL

CONSTITUCIÓN DE 1979

Artículo 42

El Estado reconoce al trabajo como fuente principal de la riqueza. El trabajo es un derecho y un deber social. Corresponde al Estado promover las condiciones económicas y sociales que eliminen la pobreza y aseguren por igual a los habitantes de la República la oportunidad de una ocupación útil y que los protejan contra el desempleo y el subempleo en cualquiera de sus manifestaciones.

En toda relación laboral queda prohibida cualquier condición que impida el ejercicio de los derechos constitucionales de los trabajadores o que desconozca o rebaje su dignidad.

El trabajo en sus diversas modalidades, es objeto de protección por el Estado, sin disminución alguna y dentro de un régimen de igualdad de trato [...].

CONSTITUCIÓN PERÚ 1993

Artículo 22

El trabajo es un deber y un derecho.  Es base del bienestar social y un medio de realización de la persona.

[56] Artículo 26, Título I, Capítulo II, Constitución Política del Perú, 1993.

[57] CONSTITUCIÓN DE 1993

Artículo 23

El trabajo, en sus diversas modalidades, es objeto de atención prioritaria del

**Artículo 32.-** Se prohíbe toda discriminación remunerativa que no se base en el desempeño y la productividad individual[58].

**Artículo 33.-** El Estado protege el capital y el trabajo (CONSTITUCIÓN BOLIVIA , 1995).

**Artículo 34.-** Los trabajadores de los sectores socioeconómicos bajo, medio y alto tienen derecho a sindicalizarse y organizarse a través de los partidos políticos de las clases sociales.

---

Estado, el cual protege especialmente a la madre, al menor de edad y al impedido que trabajan.

## PROTECCIÓN ESPECIAL EN CASOS DE EMBARAZO

Convención sobre la eliminación de todas las formas de discriminación contra la mujer

Artículo 11

Los Estados Partes tomarán medidas adecuadas para:

[...]

1. A fin de impedir la discriminación contra la mujer por razones de matrimonio o maternidad y asegurar la efectividad de su derecho a trabajar:

    a) Prohibir, bajo pena de sanciones, el despido por motivo de embarazo o licencia de maternidad y la discriminación en los despidos sobre la base del estado civil;

    b) Implantar la licencia de maternidad con sueldo pagado o con prestaciones sociales comparables sin pérdida del empleo previo, la antigüedad o los beneficios sociales;

    c) Alentar el suministro de los servicios sociales de apoyo necesarios para permitir que los padres combinen las obligaciones para con la familia con las responsabilidades del trabajo y la participación en la vida pública, especialmente mediante el fomento de la creación y desarrollo de una red de servicios destinados al cuidado de los niños;

    d) Prestar protección especial a la mujer durante el embarazo en los tipos de trabajos que se haya probado puedan resultar perjudiciales para ella".

[58] IGUALDAD REMUNERATIVA

"CONSTITUCIÓN DE 1979

Artículo 43

[...] El trabajador, varón o mujer, tiene derecho a igual remuneración por igual trabajo prestado en idénticas condiciones al mismo empleador [...].

Los intereses de los partidos políticos de las clases sociales y de los trabajadores de tales clases sociales son convergentes.

Los partidos de las clases sociales son la vanguardia organizada de los trabajadores de las clases sociales.

Los trabajadores tienen derecho de huelga bajo el marco y los límites de la ley.[59]

---

[59] DERECHOS DE SINDICALIZACIÓN Y HUELGA A TRAVÉS DE LA HISTORIA.

SINDICALIZACIÓN Y PROTECCIÓN DEL CAPITAL Y EL TRABAJO.

CONVENIO 87 DE LA ORGANIZACIÓN INTERNACIONAL DEL TRABAJO (OIT) 1948

Los trabajadores y los empleadores, sin ninguna distinción y sin autorización previa, tienen el derecho de constituir las organizaciones que estimen convenientes, así como el de afiliarse a estas organizaciones, con la sola condición de observar los estatutos de las mismas.

Reconocimiento constitucional histórico:

CONSTITUCIÓN DE 1920

Artículo 48

Los conflictos entre el capital y el trabajo serán sometidos a arbitraje obligatorio

Artículo 49

La ley establecerá la forma como deban organizarse los Tribunales de conciliación y arbitraje para solucionar las diferencias entre el capital y el trabajo y los requisitos y condiciones para los efectos obligatorios de los fallos.

"CONSTITUCIÓN DE 1933

Artículo 43.-

El Estado legislará el contrato colectivo de trabajo".

"CONSTITUCIÓN DE 1979

Articulo 51

El Estado reconoce a los trabajadores el derecho a la sindicalización sin autorización previa. [...]

Artículo 54

El trabajador despedido en forma injustificada tiene derecho a ser

indemnizado, conforme a ley[60]

---

Las convenciones colectivas de trabajo entre trabajadores y empleadores tienen fuerza de ley para las partes.
El Estado garantiza el derecho a la negociación colectiva. La ley
señala los procedimientos para a solución pacífica de los conflictos laborales.
La intervención del Estado sólo procede y es definitoria a falta de acuerdo entre las partes.

Artículo 55
La huelga es derecho de los trabajadores Se ejerce en la forma que establece la ley"

"CONSTITUCIÓN DE 1993

Artículo 28°.
El Estado reconoce los derechos de sindicación, negociación colectiva y huelga. Cautela su ejercicio democrático:
Garantiza la libertad sindical.
Fomenta la negociación colectiva y promueve formas de solución pacífica de los conflictos laborales.
La convención colectiva tiene fuerza vinculante en el ámbito de lo concertado.

Regula el derecho de huelga para que se ejerza en armonía con el interés social. Señala sus excepciones y limitaciones.

[60] PROTECCIÓN CONTRA EL DESPIDO ARBITRARIO

"PROTOCOLO ADICIONAL A LA CONVENCION AMERICANA SOBRE DERECHOS HUMANOS EN MATERIA DE DERECHOS ECONOMICOS, SOCIALES Y CULTURALES "PROTOCOLO DE SAN SALVADOR"

Artículo 7

Condiciones Justas, Equitativas y Satisfactorias de Trabajo

Los Estados partes en el presente Protocolo reconocen que el derecho al trabajo [...] supone que toda persona goce del mismo en condiciones justas, equitativas y satisfactorias, para lo cual dichos Estados garantizarán en sus legislaciones nacionales, de manera particular:

d)  la estabilidad de los trabajadores en sus empleos, de acuerdo con las características de las industrias y profesiones y con las causas de justa separación. En casos de despido injustificado, el trabajador tendrá derecho a una indemnización o a la readmisión en el empleo o a cualesquiera otra prestación prevista por la legislación nacional".

# Capítulo V

## Economía y Hacienda

**Artículo 35.-** El Estado impulsa la competitividad nacional e internacional de la economía. Reduce sobrecostos al comercio y la industria nacional.

**Artículo 36**[61].- La iniciativa privada es libre.  Se ejerce en una economía social de mercado. Bajo este régimen, el Estado orienta el desarrollo del país, y actúa principalmente en las áreas de promoción de empleo, salud, educación, seguridad, servicios públicos e infraestructura.

**Artículo 37**[62].- El Estado estimula la creación de riqueza y garantiza la libertad de trabajo y la libertad de empresa, comercio e industria. El ejercicio de estas libertades no debe ser lesivo a la moral, ni a la salud, ni a la seguridad pública. El Estado brinda oportunidades de superación a los sectores que sufren cualquier desigualdad; en tal sentido, promueve y afirma los esfuerzos de progreso material y empresarial del sector socioeconómico bajo.

**Artículo 38**[63] **.-** El Estado reconoce el pluralismo económico. La economía nacional se sustenta en la coexistencia de diversas formas de propiedad y de empresa.

---

[61] Artículo 58 de la Constitución Política del Perú de 1993

[62] Modificación del artículo 59 de la Constitución Política del Perú de 1993

[63] Artículo 60 de la Constitución Política del Perú de 1993

Sólo autorizado por ley expresa, el Estado puede realizar subsidiariamente actividad empresarial, directa o indirecta, por razón de alto interés público o de manifiesta conveniencia nacional.

**Artículo 39**.- Se reconoce el derecho a la propiedad privada[64] y a la herencia.

1. La función social de estos derechos delimitará su contenido, de acuerdo con las leyes.

---

[64] PROTECCIÓN DE LA PROPIEDAD PRIVADA  Y FUNCIÓN SOCIAL POR PAÍSES

FRANCIA (CONSTITUCIÓN FRANCIA, 1958)

PREÁMBULO DE LA CONSTITUCIÓN FRANCESA DE 27 DE OCTUBRE DE 1946

9. Cualquier bien o empresa cuya explotación posea o adquiera el carácter de un servicio público nacional o de un monopolio debe pasar a ser propiedad de la colectividad.

DECLARACIÓN DE LOS DERECHOS DEL HOMBRE Y DEL CIUDADANO DE 1789

Por ser la propiedad un derecho inviolable y sagrado, nadie puede ser privado de ella, salvo cuando la necesidad pública, legalmente comprobada, lo exija de modo evidente, y con la condición de haya una justa y previa indemnización.

ITALIA (CONSTITUCIÓN ITALIA, 1946)

ARTÍCULO 42

La propiedad es pública o privada. Los bienes económicos pertenecen al Estado, a entes o a particulares. La propiedad privada está reconocida y garantizada por la Ley, la cual determina sus formas de adquisición y de goce y los límites de la misma, con el fin de asegurar su función social y de hacerla accesible a todos.

La propiedad privada puede ser expropiada par motivos de interés general en los casos previstos por la Ley y sin perjuicio de la correspondiente indemnización. La Ley establece las normas y los límites de la sucesión legítima y testamentaria y los derechos del Estado en materia de herencia.

**2.** Nadie podrá ser privado de sus bienes y derechos sino por causa justificada de utilidad pública o interés social, mediante la correspondiente indemnización y de conformidad con lo dispuesto por las leyes (CONSTITUCIÓN ESPAÑOLA, 1978)

## Del Tribunal de Cuentas[65]

**Artículo 40.-** El Tribunal de Cuentas es el supremo órgano fiscalizador de las cuentas y de la gestión económica de Estado, así como del sector público.

1. Dependerá directamente de la Asamblea Nacional de Clases Sociales y ejercerá sus funciones por delegación de ellas en el examen y comprobación de la Cuenta General del Estado.

2. Las cuentas del Estado y del sector público estatal se rendirán al Tribunal de Cuentas y serán censuradas por éste.

   El Tribunal de Cuentas, sin perjuicio de su propia jurisdicción, remitirá a la Asamblea Nacional de Clases Sociales un informe anual en el que, cuando proceda, comunicará las infracciones o responsabilidades en que, a su juicio, se hubiere incurrido.

3. Los miembros del Tribunal de Cuentas gozarán de la misma independencia e inamovilidad y estarán sometidos a las mismas incompatibilidades que los Jueces.

4. Una ley orgánica regulará la composición, organización y funciones del Tribunal de Cuentas.

Los miembros del Tribunal de Cuentas serán elegidos por un periodo renovable de 4 años.

---

[65] Artículo 136 de la Constitución española modificado (CONSTITUCIÓN ESPAÑOLA, 1978).

# TÍTULO II
# DE LOS DERECHOS POLÍTICOS
## Capítulo I
## Principios Generales

**Artículo 41**.- [...][66] se rige bajo el principio de unidad nacional y cooperación constructiva entre partidos políticos.

**Artículo 42**.- Son ciudadanos [...][67] mayores de 18 años. Para el ejercicio de la ciudadanía se requiere la inscripción electoral[68].

**Artículo 43**.- La ley establece los derechos políticos de la ciudadanía y los mecanismos de participación política organizada.

**Artículo 44**.- Los ciudadanos tienen derecho a la igualdad política y a las condiciones para su ejercicio.

Por lo tanto:

1. A elegir y ser elegidos.

2. A realizar vida partidaria plena, sin discriminación ni obstrucciones estructurales por razones de carácter socioeconómico o de cualquier otra índole.

---

[66] El nombre de la nación constituyente.

[67] Gentilicio de la nación constituyente.

[68] Artículo 30, Capítulo III, De Los Derechos Políticos y De Los Deberes (CONSTITUCION PERU, 2019)

3. A participar en la formación de la ley, en forma personal y organizada.

4. A controlar a los funcionarios públicos y conocer su desempeño. A sustituirlos o revocarlos, conforme a ley.

**Artículo 45.-** Las clases sociales alta, media y baja gozan de iguales oportunidades políticas y condiciones para su realización: cada grupo social organiza y canaliza su participación política a través de un partido político propio.

**Artículo 46.-** El Estado garantiza la igualdad de oportunidades políticas entre hombres y mujeres.

## Capítulo II
# PLURALISMO Y PARTICIPACIÓN POLÍTICA ORGANIZADA.

**Artículo 47.-** La participación política organizada expresa la situación socioeconómica real de la ciudadanía[69]

---

[69] **PLURALISMO DEMOCRÁTICO Y PARTICIPACIÓN POLÍTICA ORGANIZADA**

### LEY DEL PLURALISMO DEMOCRÁTICO SEGMENTADO

Objeto

Organizar la participación política de la ciudadanía bajo principios de pluralismo democrático sistemático y representación de intereses socioeconómicos diferentes.

Por tal motivo, la participación política se segmenta en participación

## Artículo 1.

La participación política organizada expresa la situación socioeconómica real de la ciudadanía.

Por tal motivo, la participación política se segmenta en participación política de la clase social alta, participación política de la clase social media, y participación política de la clase social baja.

## Artículo 2.

Para propósitos de esta ley, se entiende por:

1. Clase social alta: población que pertenece a los sectores socioeconómicos A, cuyo ingreso per cápita mensual excede dos UIT (Unidad Impositiva Tributaria).
2. Clase social media: población que pertenece al sector socioeconómico B-C (medio y alto), cuyo ingreso per cápita mensual excede dos SMV (Sueldo Mínimo Vital).
3. Clase social baja: población que pertenece a los sectores socioeconómicos C (bajo)-D-E, cuyo ingreso per cápita mensual es menor o igual a dos SMV (Sueldo Mínimo Vital).

## Artículo 3.

## Finalidades.

1. Pasar de la lucha de clases a la negociación política.
2. Mantener principios de democracia y poliarquía estructurada, pluralismo democrático articulado o representación directa de intereses socioeconómicos diferentes.
3. Organizar y canalizar la soberanía popular mediante partidos políticos de segunda generación.
4. Afirmar el principio de igualdad política y participación plena en la vida partidaria, sin discriminación por razones socioeconómicos.
5. Superar la cleptocracia, la sucesión de partidos-vientres de alquiler, o lucha permanente de corruptos por el poder político.
6. Superar la teoría comunista de destrucción de la propiedad privada, lucha armada revolucionaria, unipartidismo y dictadura del proletariado.

# EXPOSICIÓN DE MOTIVOS

## EL RÉGIMEN DE ALQUILER Y LA CORRUPCIÓN

Si El Feudalismo era El Régimen Antiguo para los revolucionarios franceses, este régimen podría ser denominado como El Régimen de Alquiler —o Régimen político de alquiler—. Si El Feudalismo institucionalizaba el vasallaje político y oprimía a la población, las asociaciones-vientres de alquiler avasallan a la población y se alquilan a los corruptos a cambio de dinero que el corrupto aporta al partido o como pago al dirigente del partido. Si el Feudalismo oprimía por medio de las relaciones de clientelaje, las asociaciones-vientres de alquiler se mantienen en el poder y oprimen a la población por medio de las relaciones de clientelaje, sumisión y obediencia.

El Régimen de Alquiler, como régimen corrupto y organización criminal, utiliza <u>medios extorsivos</u> en sus relaciones de clientelaje y manipulación del poder, tal como lo demuestran las investigaciones de las organizaciones de derechos humanos:

> El clientelismo es un COMPORTAMIENTO PROPIO DE LOS PARTIDOS POLÍTICOS que se desarrolla durante la campaña pero se centra fundamentalmente en élites económicas; es decir, en convenir que su partido a la hora de gobernar, primero, no los va a afectar directamente, por ejemplo, con incrementar los impuestos o verificar si sus cuentas fiscales están correctas.

> Aunque estos acuerdos son previos, la motivación principal del clientelismo es obtener el favor o apoyo de las élites económicas a cambio de su apoyo político y de dinero para la campaña, a cambio de concesiones como las mencionadas anteriormente (INSTITUTO INTERAMERICANO DE DERECHOS HUMANOS, 2016, págs. 84, 85)

## RÉGIMEN DE ALQUILER Y CHEQUE EN BLANCO

El régimen político de alquiler gobierna a la población con cheque en blanco. El negocio de los corruptos estaría en peligro de otra manera. Sería imposible recuperar los gastos multimillonarios en campaña electoral; sería imposible la ejecución o sobrevaloración de los contratos amañados.

¿Cómo justifican los corruptos la representación indirecta? ¿A quién dicen representar los corruptos o los partidos-vientres de alquiler? ¿Al pueblo, a la nación, a sus electores, a sus patrocinadores de campaña electoral? ¿Operan sólo según su consciencia, dirigidos por sus asociaciones-vientres de alquiler, o bajo la presión organizada de los patrocinadores de campaña electoral? ¿Cómo se justifica la alienación temporal de la soberanía popular en favor del corrupto de turno? ¿Existe un soberano inepto que enajena sus dominios so pretexto de controlarlo cada cinco años?
La única respuesta que soporta cierto análisis lógico es que el soberano ha muerto, no existe o se encuentra en incapacidad permanente, por lo que el representante se ha convertido en  soberano y actúa bajo principios de autodeterminación, con cheque en blanco o crédito ilimitado.

## ¿REFORMAS AL RÉGIMEN POLÍTICO DE ALQUILER?

¿Tendríamos de todas maneras que establecer que el Régimen Político de Alquiler no es incompatible con la democracia, o podríamos ensayar algunas

~~media, y participación política de la clase social baja.~~

reformas superficiales en el parlamento? ¿Cuáles serán los argumentos de los defensores del Régimen de Alquiler?

Entiéndase como Régimen de Alquiler a la forma de gobierno actual dominado por facciones políticas habilitadas para los corruptos, movimientos electoreros, partidos políticos-vientres de alquiler.

En respuesta diremos que el régimen político de alquiler es irreformable, ya que los partidos políticos que canalizan la participación política organizada de la población deben ser partidos de derecho público, creados por ley, no por personajes privados, que son objeto de culto o se convierten en dirigentes eternos con capacidad para mercantilizar los activos políticos de la población.

# AUTODEFINICIÓN DE PARTIDOS POLÍTICOS DE PRIMERA GENERACIÓN

En forma autodestructiva, los partidos de primera generación se autodefinen o dicen que son:

> casi todos vientres de alquiler, casi todos compuestos por personas que han militado en cuatro, cinco, seis partidos, casi todos reclutan personas y candidatos hasta el día antes de la elección, casi todos sin trayectoria, sin ideología[...]hemos visto que los empresarios compraban a sus líderes, compraban las bancadas (parlamentarias) y la ponían a su servicio[...]en este momento no existe democracia[...]hemos visto casos de blindaje y componendas[...]cuando caminamos por las calles nos dicen ladrones, nos gritan corruptos[...]los mismos corruptos participan en los gobiernos desde hace 40 años[...]los partidos políticos no son partidos políticos, sino organizaciones criminales, no *lo digo yo, lo dice un juez de primera instancia, tres jueces superiores y 6 de la Corte Suprema"* (ÚLTIMO DEBATE DE CANDIDATOS AL CONGRESO|ELECCIONES CONGRESALES PERÚ 2020)

A confesión de parte, relevo de pruebas.

Esta confesión de parte corrobora de alguna manera por qué los ex presidentes, presidente en ejercicio, ministros, ex ministros y fundadores de partidos son investigados a diario por graves delitos de asociación ilícita para delinquir, adendas amañadas, sobrecosto de obras públicas, colusión, organización criminal, lavado de activos, y delitos semejantes. Esta confesión de parte explica de alguna manera por qué tales partidos luchan por el poder, sin medir los costos, o tal vez sabiendo que el negocio es rentable; o tal vez sabiendo que vencedores y vencidos tenían los mismos auspiciadores de campaña; tal vez sabiendo que sólo eran estrategias para confundir a la población; tal vez sabiendo que, pase lo que pasare, parte del botín será suyo.

.

# ¿La solución transitoria es la dictadura del proletariado?

**Artículo 48.-** La participación política de las clases sociales es

Se conoce como dictadura del proletariado a la dictadura de la clase obrera sobre la burguesía. Se desarrolla en oposición a la dictadura de la burguesía. En resumen, según la teoría marxista, leninista, maoísta, el Estado siempre es una dictadura y dominación de una clase social sobre la otra.

Veamos la tesis de Vladimir Lenin, que fundamenta la doctrina de la dictadura del proletariado:

# EL ESTADO Y LA REVOLUCIÓN

## CAPITULO V

## LAS BASES ECONOMICAS DE LA EXTINCION DEL ESTADO

[...]En la <u>SOCIEDAD CAPITALISTA</u>, bajo las condiciones del desarrollo más favorable de esta sociedad, [...] tenemos un democratismo más o menos completo. Pero este democratismo se halla siempre comprimido dentro de los estrechos marcos de la explotación capitalista y es siempre, en esencia, por esta razón, un democratismo para la minoría, sólo para las clases poseedoras, sólo para los ricos. La libertad de la sociedad capitalista sigue siendo, y es siempre, poco más o menos, lo que era la libertad en las antiguas repúblicas de Grecia: <u>libertad para los esclavistas</u>. En virtud de las condiciones de la explotación capitalista, los esclavos asalariados modernos viven tan agobiados por la penuria y la miseria, que "no están para democracias", "no están para política", y en el curso corriente y pacífico de los acontecimientos, la mayoría de la población queda al margen de toda participación en la vida político-social.

[...]Democracia para una minoría insignificante, democracia para los ricos: he ahí el democratismo de la sociedad capitalista. Si nos fijamos más de cerca en el mecanismo de la democracia capitalista, [...] en la organización puramente capitalista de la prensa diaria, etc., etc., en todas partes veremos restricción tras restricción puesta al democratismo. Estas restricciones, excepciones, exclusiones y trabas para los pobres parecen insignificantes sobre todo para el que jamás ha sufrido la penuria ni se ha puesto en contacto con las clases oprimidas en su vida de masas (que es lo que les ocurre a las nueve décimas partes, si no al noventa y nueve por ciento de los publicistas y políticos burgueses), pero en conjunto estas restricciones excluyen, eliminan a los pobres de la política, de su participación activa en la democracia.

Marx puso de relieve magníficamente esta esencia de la democracia capitalista, al decir, en su análisis de la experiencia de la Comuna, <u>que a los oprimidos se les autoriza para decidir una vez cada varios años ¡qué miembros de la clase opresora han de representarlos y aplastarlos en el parlamento!</u>

Pero, partiendo de esta democracia capitalista —inevitablemente estrecha,

organizada y canalizada a través de tres partidos políticos.

---

que repudia por debajo de cuerda a los pobres y que es, por tanto, una democracia profundamente hipócrita y mentirosa— el desarrollo progresivo, no discurre de un modo sencillo, directo y tranquilo "hacia una democracia cada vez mayor", como quieren hacernos creer los profesores liberales y los oportunistas pequeñoburgueses.

No, el desarrollo progresivo, es decir, el desarrollo hacia el comunismo pasa a través de la dictadura del proletariado, y no puede ser de otro modo, porque el proletariado es el único que puede, y sólo por este camino, romper la resistencia de los explotadores capitalistas.

Pero la dictadura del proletariado, es decir, la organización de la vanguardia de los oprimidos en clase dominante para aplastar a los opresores, no puede conducir tan sólo a la simple ampliación de la democracia. A la par con la enorme ampliación del democratismo, que por vez primera se convierte en un democratismo para los pobres, en un democratismo para el pueblo, y no en un democratismo para los ricos, la dictadura del proletariado implica una serie de restricciones puestas a la libertad de los opresores, de los explotadores, de los capitalistas. Debemos reprimir a éstos, para liberar a la humanidad de la esclavitud asalariada, hay que vencer por la fuerza su resistencia, y es evidente que allí donde hay represión, donde hay violencia no hay libertad ni hay democracia.

Engels expresaba magníficamente esto en la carta a Bebel, al decir, como recordará el lector, que "mientras el proletariado necesite todavía del Estado, no lo necesitará en interés de la libertad, sino para someter a sus adversarios, y tan pronto como pueda hablarse de libertad, el Estado como tal dejará de existir".

Democracia para la mayoría gigantesca del pueblo y represión por la fuerza, es decir, exclusión de la democracia, para los explotadores, para los opresores del pueblo: he ahí la modificación que sufrirá la democracia en la transición del capitalismo al comunismo".

La dictadura del proletariado —según Lenin— como poder apoyado en la violencia de los oprimidos contra los opresores:

[...]La dictadura es un poder que se apoya directamente en la violencia y no está sometido a ley alguna.

La dictadura revolucionaria del proletariado es un poder conquistado y mantenido mediante la violencia ejercida por el proletariado sobre la burguesía, un poder no coartado por ley alguna[...]

[...] "Nosotros" le decimos a la burguesía: ustedes, explotadores e hipócritas, hablan de democracia, mientras que a cada paso erigen miles de barreras para prevenir que el pueblo oprimido participe en la política. Tomamos su lenguaje y, en interés de estas personas, exigimos la extensión de su democracia burguesa con el fin de preparar al pueblo para la revolución con el propósito de derrocarlos a ustedes, los explotadores. Y si ustedes explotadores intentan ofrecer resistencia a nuestra revolución proletaria, nosotros los suprimiremos despiadadamente; los privaremos de todos sus derechos; más que eso, no les daremos ni un pan, porque en nuestra república proletaria los explotadores no tendrán derechos, serán privados del fuego y del agua, ya que somos socialistas en serio, y no en el estilo de Scheidemann o Kautsky[...]

Dictadura del proletariado como dirección y reeducación de la clase obrera:

"Bajo la dictadura del proletariado, habrá que reeducar a millones de campesinos y de pequeños propietarios, a centenares de miles de empleados, de funcionarios, de intelectuales burgueses, subordinándolos a todos al Estado proletario y a la dirección proletaria; habrá que vencer en ellos los hábitos burgueses y las tradiciones burguesas"; habrá también que "...reeducar... en lucha prolongada, sobre la base de la dictadura del proletariado, a los proletarios mismos, que no se desembarazan de sus prejuicios pequeñoburgueses de golpe, por un milagro, por obra y gracia del espíritu santo o por el efecto mágico de una consigna, de una resolución o un decreto, sino únicamente en una lucha de masas prolongada y difícil contra la influencia de las ideas pequeñoburguesas entre las masas"

En los órganos de un partido político de una clase social está representada toda la ciudadanía de esa clase social. Tales órganos están sujetos a sucesión, supervisión y renovación continua. No existen fundadores o dirigentes vitalicios,  Los partidos políticos de las clases sociales,  participan en los procesos electorales, dirigen, orientan y representan a las clases sociales que los eligen y supervisan. No  compiten por el voto de la ciudadanía, no violentan a la ciudadanía con ofertas demagógicas, ni realizan proselitismo contra el honor de candidatos opositores, compra de votos o clientelismo.

## PRIVILEGIOS DE LOS PARTIDOS-VIENTRE DE ALQUILER

Contra toda lógica democrática y principio participativo, los fundadores de los partidos de derecho privado y sus allegados pueden designar, auto designarse o invitar candidatos para cargos de elección popular. Esta práctica es otra forma de dominación política, privilegio de clase social o cleptocracia legalizada:

"Hasta un 20% de la totalidad de candidatos al Congreso puede ser designado entre sus afiliados o no afiliados por el órgano de la organización política que disponga el estatuto" (LEY DE PARTIDOS POLÍTICOS, 2003).

## IGUALDAD ANTE LA LEY Y DESIGUALDAD

No existe mayor desigualdad que tratar en forma igual a los desiguales (Aristóteles)

Pueden expedirse leyes especiales porque así lo exige la naturaleza de las cosas, pero no por la diferencia de las personas (CONSTITUCION PERU, 2019)

Tal como establecen los organismos de derechos humanos, la pobreza es un atentado contra los derechos humanos; la pobreza hace ilusoria la participación política organizada bajo las estructuras partidarias actuales; la pobreza es un negación fáctica de la Igualdad ante la Ley.

## CONCLUSIONES

Vistos, para conclusiones definitivas, en el marco de las investigaciones y declaraciones de los organismos de derechos humanos, existe justificación suficiente para segmentar la participación política organizada de la ciudadanía, con la finalidad de dar voz y voto a los ciudadanos en situación de pobreza igualmente que a los ciudadanos con privilegio socioeconómicos.

## DETALLES ADICIONALES OBSERVADOS POR LOS ORGANISMOS DE DERECHOS HUMANOS

Ricos y pobres tienen diferentes formas de participación:

De hecho, la forma en que se da la participación política, ya sea formal o informal, depende fundamentalmente de las diferencias de clase en cada sociedad (Dietz, 2001, PUCP) y la desigualdad e inequidad presente en cada contexto social (Kersting y Sperberg, 1999; Espósito, 2007). Esto se debe a que las clases altas y bajas "tienen distintas metas políticas, distinto acceso al poder y distintos conocimientos sobre los procesos políticos".

"La concentración de la riqueza tiene consecuencias en tres aspectos fundamentales: frena el desarrollo
económico; concentra el poder en pocas manos y limita el desarrollo político democrático...; el resultado final
es la formación de una élite económicamente poderosa y poco diversificada.
Lo oligárquico es la fusión del poder político con la riqueza económica que produce un estatus de privilegios,
apoyados por el color, el apellido, la tradición y la pervivencia de mecanismos estructuralmente marginadores"

"Todos los derechos de elección de representantes, la participación en la dirección de asuntos públicos y de ser electos, constituyen derechos que efectivamente se ven afectados o limitados a la hora de realizarlos, debido a varias razones.
En general, la elección de representantes se realiza en las asambleas generales de los partidos políticos, pero tal elección se encuentra previamente arreglada, con lo cual la asamblea únicamente formaliza la elección. En este sentido, se puede decir que esta

## Capítulo III

# DE LOS PARTIDOS POLÍTICOS DE LAS CLASES SOCIALES

**Artículo 49.-** Los partidos políticos de las clases sociales son personas

jurídicas de derecho público. Son creados por ley, con el objeto de

libertad se ve conculcada en la medida que únicamente los partidos políticos formalmente organizados pueden realizar este tipo de actividades, con lo cual las personas pobres se encuentran seriamente limitadas de participar, principalmente cuando no se cuenta con el respaldo financiero para convertirse en candidato y este mismo respaldo es el que permite ser parte de las cúpulas de partidos, en donde se designan a los representantes o candidatos.

En cuanto a la participación en la dirección de asuntos públicos, las personas pobres también cuentan con grandes limitaciones que afecta esta libertad, pues aunque tendrían toda la capacidad de dirigir temas públicos en las instituciones del gobierno, en general las designaciones de personas pasan en su mayoría por ser parte orgánica de los partidos políticos. Y en el caso de ser electos, prácticamente las posibilidades de las personas pobres son nulas pues dichos puestos se obtienen con pagos directos a los partidos políticos o a los líderes, con lo cual es sumamente difícil que puedan acceder a ser candidatos para puestos de elección popular"
(INSTITUTO INTERAMERICANO DE DERECHOS HUMANOS, 2016)

## COSTO BENEFICIO DE LA IGUALDAD POLÍTICA PLENA

### ¿QUIÉNES PIERDEN?

1. Los corruptos pierden poder estructural, capacidad para manipular a la población y realizar componendas o faenones. Pierden los partidos de izquierda, extrema izquierda, partido verde, partido morado, partido animalista, partido de derecha, ultraderecha, sionista, fascista y nacional-socialista.
2. Pierden los fundadores los partidos-vientres de alquiler. Recuérdese que tales fundadores eran objeto de culto, tanto que se convertían en dirigentes eternos con capacidad para mercantilizar los activos políticos de la población.

### ¿QUIÉNES GANAN?

1. Gana el pueblo organizado con capacidad para ejercer su soberanía.
2. Gana la clase alta decente, ya que no tendrá que financiar más a partidos corruptos.
3. Gana la clase media, por su posición estratégica y dirimente en caso de conflictos políticos entre la clase alta y baja.
4. Gana la clase baja, ya que podrá participar en el planeamiento, organización, ejecución y control de políticas estatales, o en su propia autogestión.

organizar, canalizar y dar eficiencia a la participación política de la ciudadanía en la administración de asuntos públicos.

**Artículo 50.-** Tales partidos políticos tienen intereses no convergentes[70] y actúan bajo principios de independencia y autonomía; cooperan en la elaboración de la ley y vigilan su aplicación: vigilan los intereses del pueblo soberano y los intereses particulares de cada persona, conforme a ley.

Expresan el pluralismo democrático de la nación en forma sistemática y estructurada.

**Artículo 51.-** La ley segmenta la participación política organizada de la ciudadanía, realiza las condiciones estructurales para el ejercicio de derechos políticos organizados de ciudadanos en situación de pobreza, y eleva la dignidad humana.

**Artículo 52.-** En forma imprescriptible, mediante declaración jurada simple, todos los ciudadanos de una clase social tienen derecho a afiliarse, elegir y ser elegidos, dentro del partido político que los organiza.

---

[70] J.J. Rousseau y formación de la voluntad general:

> Cada interés, dice el Marqués de Argenson, tiene diferentes principios. La concordia de dos intereses se forma por oposición al de un tercero". Este Autor hubiera podido añadir que la concordia de todos los intereses se forma por oposición al de cada uno. Si no hubiera intereses distintos, apenas habría sentimiento de interés común, y no encontrando este ningún obstáculo, todo iría bien por sí mismo, y la Política dejaría de ser un Arte (Rousseau, 2016).

**Artículo 53.-** Los partidos políticos mantienen bases organizadas a nivel nacional, orientan a la ciudadanía y participan en los procesos electorales, conforme a ley.

Los dirigentes y delegados de los partidos políticos son elegidos por los ciudadanos de las clases sociales, mediante procedimientos de sufragio universal en todas las bases partidarias.

**Artículo 54.-** La organización nacional de tales partidos sigue principios de centralismo democrático y jerarquía de responsabilidades.

Las normas de democracia interna rigen todos los procesos de elección de candidatos y representantes políticos del partido.

Para ser elegido representante político de una clase social, se requiere ser miembro del sector socioeconómico de tal clase social, antes y durante el tiempo de la representación.

**Artículo 55.-** La alianza de partidos políticos para postular candidatos[71] con fines electorales es improcedente.

De igual manera, la designación[72] o invitación de candidatos para cargos de representación política es improcedente. En tal sentido, un ciudadano

---

[71] Prácticas y componendas propias del sistema de partidos-vientres de alquiler.

[72] Así ha operado el Régimen Político de Alquiler, con privilegios propios para los fundadores, como una forma de dominación corrupta o plutocracia legalizada:

"Hasta un 20% de la totalidad de candidatos al Congreso puede ser designado entre sus afiliados o no afiliados por el órgano de la organización política que

sólo puede ser representante político del sector socioeconómico al cual

pertenece.

**Artículo 56.-** El órgano electoral supervisa la aplicación de la ley.

## Del Partido Político de Clase Alta

**Artículo 57.-** El partido político de clase alta es el órgano de poder de la

población de clase alta, organiza y canaliza su participación política,

desarrolla estrategias políticas de su clase social, orienta las actividades

legislativas de sus representantes directos ante la Asamblea Nacional,

siguiendo principios de negociación política,  paz social y desarrollo

nacional, dentro del marco de la Constitución Política del Estado, y la

Ley de Partidos Políticos.

## Del Partido Político de Clase Media

**Artículo 58.-** El partido político de clase media es el órgano de poder de

la clase social media, organiza y canaliza su participación política,

desarrolla estrategias políticas de su clase social, orienta las actividades

legislativas de sus representantes directos ante la Asamblea Nacional,

siguiendo principios de negociación política,  paz social y desarrollo

---

disponga el estatuto" (LEY DE PARTIDOS POLÍTICOS, 2003).

nacional, dentro del marco de la Constitución Política del Estado, y la Ley de Partidos Políticos.

El Partido Político de Clase Media cumple función democrática estratégica y dirimente en caso de conflicto entre el Partido de Clase Alta y el Partido de Clase Baja.

El Partido Político de Clase Media Asume la Presidencia de la Comisión Militar Central.

El Partido Político de Clase Media asume la dirección y el control del Parlamento en casos de Estados de Excepción.

## Del Partido Político de Clase Baja

**Artículo 59.-** El partido político de clase baja es el órgano de poder de la clase social baja, organiza y canaliza su participación política, desarrolla estrategias políticas de su clase social, orienta las actividades legislativas de sus representantes directos ante la Asamblea Nacional, siguiendo principios de negociación política,  paz social y desarrollo nacional, dentro del marco de la Constitución Política del Estado, y la Ley de Partidos Políticos.

## Capítulo IV

# DE LA ESTRUCTURA ORGANIZATIVA DE CADA PARTIDO POLÍTICO.

### De la Dirección Central del partido.

**Artículo 60.-** El Congreso Nacional del partido es el órgano de dirección central supremo del partido. El Comité Central es su órgano permanente.

El comité Central rinde cuentas ante el Congreso Nacional del Partido.

**Artículo 61**

### De las Funciones del Congreso Nacional de cada partido político

a.  Elaborar o reformar los estatutos del partido, según corresponda.

b.  Elegir  o destituir el Comité Central del partido.

c.  Elaborar el plan nacional del partido y las estrategias de clase social.

d.  Ejercer el derecho popular de iniciativa legislativa.

e.  Ejercer funciones de colegio electoral y elegir representantes políticos directos ante la Asamblea Nacional de Clases Sociales y las asambleas locales de clases sociales, conforme a ley.

f.  Evaluar el desempeño de los representantes políticos directos ante la Asamblea Nacional de Clases Sociales  y las asambleas locales de clases sociales, sustituirlos o revocarlos, conforme a ley.

## De las Funciones del Comité Central de cada partido político

**Artículo 62.-** Son funciones del Comité Central de cada partido político:

a. Implementar las resoluciones del Congreso Nacional del partido.

b. Dirigir ideológica y políticamente al partido.

c. Informar y consultar a las bases, según corresponda.

d. Ejercer las funciones de colegio electoral entre las sesiones del Congreso Nacional del Partido.

e. Evaluar el desempeño político de los diputados o representantes directos, revocarlos o sustituirlos, conforme a ley

f. Orientar la labor legislativa de los diputados o representantes directos del partido.

g. Convocar al Congreso Nacional del Partido, en forma ordinaria o extraordinaria.

h. Supervisar la elección popular del nuevo Congreso Nacional del Partido.

i. Informar y rendir cuentas ante el Congreso Nacional del Partido.

# TÍTULO III
# DE LA ESTRUCTURA DEL ESTADO
## Capítulo I
# DE LA ASAMBLEA NACIONAL DE CLASES SOCIALES

**Artículo 63.-** La Asamblea Nacional de Clases Sociales es el órgano de poder político supremo del Estado. Canaliza y aplica la soberanía popular.

El ejercicio de la Asamblea Nacional es inalienable e indelegable. El pueblo organizado participa en su conformación y ejercicio en la forma prescrita por esta Constitución.

La Asamblea Nacional de Clases Sociales ejerce el poder legislativo del Estado.

Se compone de diputados elegidos por los partidos políticos de las clases sociales.

**Artículo 64.-** Tales diputados representan a las clases sociales en forma directa. Los partidos políticos de las clases sociales que los eligieron supervisan su desempeño y tienen derecho a sustituirlos, de acuerdo a mecanismos prescritos por ley.

**Artículo 65[73].-** Los miembros de la Asamblea Nacional de Clases Sociales no responderán por las opiniones que expresen ni por los votos que emitan durante la duración de su mandato[74]. Ningún miembro del Parlamento podrá ser sometido sin autorización de la Cámara a la que pertenezca a registro personal o domiciliario, ni podrá ser arrestado o privado en modo alguno de su libertad personal, ni mantenido detenido, salvo en ejecución de una sentencia firme de condena, o que se le descubra cometiendo un delito para el que está previsto el arresto por flagrante delito. La misma autorización será necesaria para someter a los miembros del Parlamento a interceptaciones, con independencia de su modalidad, de conversaciones o comunicaciones así como para proceder al secuestro de correspondencia.

**Artículo 66**[75].- La Asamblea Nacional de Clases Sociales podrá acordar investigaciones sobre materias de interés público. Con este fin nombrará, de entre sus miembros, una Comisión formada de tal modo que refleje la proporción de los diversos grupos. La Comisión de investigación llevará

---

[73] Texto desarrollado como modificación al artículo 68 de la Constitución italiana (CONSTITUCIÓN ITALIA, 1946)

[74] Estos textos nacen de las instrucciones del pueblo francés —en tiempos de la Revolución Francesa— a los diputados de las asambleas legislativas o Estados Generales:

Cuaderno de Quejas de la Nobleza del bailío de Amont. 12 de abril de 1789

> Art. 1. Antes de tomar parte en ninguna deliberación, los diputados de la nobleza tendrán plena seguridad sobre sus personas, y de que no podrán ser perseguidos por ningún tribunal en materia civil durante la duración de su mandato.

[75] Artículo desarrollado como modificación al artículo 82 de la Constitución italiana (CONSTITUCIÓN ITALIA, 1946)

a cabo las indagaciones y los exámenes con los mismos poderes y las

mismas limitaciones que la autoridad judicial.

## Capítulo II

## DE LAS FUNCIONES DE LA ASAMBLEA NACIONAL DE CLASES SOCIALES

**Artículo 67.-** Son funciones y atribuciones de la Asamblea Nacional de

Clases Sociales:

1. Canalizar la soberanía popular en forma efectiva.

2. Elaborar y modificar la Constitución.

3. Elaborar, modificar o derogar las leyes.

4. Interpretar la Constitución y supervisar su cumplimiento.

5. Elaborar las leyes orgánicas, civiles, penales, y las que correspondan a su naturaleza de órgano legislativo supremo. Dar resoluciones legislativas.

6. Decidir sobre la guerra o la paz.

7. Elegir o remover al Presidente y al Vicepresidente de la República, conforme a ley.

8. Decidir el nombramiento del Primer Ministro propuesto por el Presidente de la República y de

los Ministros de Estado propuestos por el Primer Ministro.

9. Elegir o remover al Presidente de la Corte Suprema, al Fiscal de la Nación, a los miembros del Tribunal de Cuentas, al Defensor de los Derechos, conforme a ley.

10. Examinar y aprobar el Presupuesto Nacional, la Cuenta General y el Plan de Desarrollo Socioeconómico.

11. Fiscalizar la labor de las instituciones estatales.

12. Revocar las disposiciones administrativas inconstitucionales de los organismos públicos.

13. Supervisar la labor del Consejo de Ministros, de la Comisión Militar Central, de la Corte Suprema, y de la Fiscalía de la Nación.

14. Investigar asuntos de interés público, conforme a ley.

15. Ejercer el derecho de amnistía, indulto y conmutación de penas, conforme a ley.

## Capítulo III

# DE LA FORMACIÓN Y PROMULGACIÓN DE LAS LEYES

**Artículo 68.-** La ley es expresión de la soberanía popular. El pueblo organizado en partidos políticos de las clases Sociales ejerce su derecho de iniciativa legislativa, conforme a ley.

El ejercicio de la legislación es inalienable.

**Artículo 69.-** En forma especial, tiene derecho de iniciativa legislativa todo ciudadano, siempre que los ejerza por medio del partido político que lo organiza.

La iniciativa legislativa ciudadana, refrendada por el partido político correspondiente, recibe preferencia en el trámite de la Asamblea Nacional de Clases Sociales.

Tiene derecho a ser diputado el ciudadano cuyo proyecto de ley es aprobado por la Asamblea Nacional de Clases Sociales.

**Artículo 70.-** Todo proyecto de ley, antes de ser aprobado por la Asamblea Nacional, debe tener dictamen favorable de la Comisión de Constitución y Reglamento, la cual realiza consulta pertinente a los organismos estatales, según corresponda.

**Artículo 71.-** Los proyectos de ley aprobados por la Asamblea Nacional de Clases Sociales se envían al Presidente de la República para su promulgación, conforme a ley.

# Capítulo IV

## DE LA ELECCIÓN DE DIPUTADOS

**Artículo 72.-** Para ser elegido diputado, se requiere ser [...][76] de nacimiento, haber cumplido veinticinco  años y gozar del derecho de sufragio.

**Artículo 73.-** Los diputados de las clases sociales están bajo supervisión de los partidos políticos de las clases sociales que los eligieron. Tales partidos tienen derecho a revocar o sustituir a los diputados que eligieron. La ley prescribe los mecanismos de revocación o sustitución de diputados.

# Capítulo V

## DE LA FUNCIÓN DE LOS DIPUTADOS

**Artículo 74.-** Es función de los diputados de la Asamblea Nacional de Clases Sociales:

1. Ejecutar estrategias políticas encargadas por los partidos políticos de las clases sociales, según corresponda.

---

[76] Gentilicio

2. Mantener informado al partido mandante sobre el desarrollo de la negociación política.

3. Participar en la elaboración y aprobación de las leyes.

4. Elegir y fiscalizar a las instituciones estatales, conforme a ley

5. Integrar órganos constitucionales.

# Capítulo VI

# DEL PRESIDENTE DE LA REPÚBLICA

**Artículo 76.-** El Presidente de la República es elegido por la Asamblea Nacional de Clases Sociales.

Para ser elegido Presidente de la República se requiere calificación meritocrática, experiencia operativa de gobierno y gozar del derecho a elegir y ser elegido, conforme a ley.

Junto a la elección del Presidente de la República, es elegido un Vicepresidente de la República.

La elección del Presidente y el Vicepresidente de la República requiere el respaldo de al menos 2 Clases Sociales de la Asamblea Nacional.

El mandato del Presidente y el Vicepresidente de la República se realiza bajo principios de continuidad administrativa. El periodo del mandato es de 5 años, con derecho a reelección.

## Capítulo VII

# FUNCIONES DEL PRESIDENTE DE LA REPÚBLICA

**Artículo 77.-** Son funciones del Presidente de la República:

1. Promulgar las leyes.

2. Nombrar y destituir al Primer Ministro y a los Ministros.

3. Otorgar condecoraciones y títulos honoríficos, con acuerdo del Consejo de Ministros.

4. Declarar la guerra o firmar la paz, con autorización de la Asamblea Nacional de Clases Sociales.

5. Representar al Estado, dentro y fuera del país.


## Capítulo VIII

# DEL GOBIERNO

# CONSEJO DE MINISTROS[77]

**Artículo 78.-** El Gobierno de la República se compone del Presidente del Consejo y de los Ministros, que constituyen conjuntamente el Consejo de Ministros.

**Artículo 79.-** Previa decisión de la Asamblea Nacional de Clases Sociales, el Presidente del Consejo de Ministros y los Ministros serán

---

[77] Textos desarrollados como modificación al Título III, DEL GOBIERNO, Sección I, Del Consejo de Ministros, de la Constitución italiana actual (CONSTITUCIÓN ITALIA, 1946)

nombrados y prestarán juramento, antes de asumir sus funciones, ante el Presidente de la República.

**Artículo 80.-** El Presidente del Consejo de Ministros dirige la política general del Gobierno y es responsable de ella, conforme a ley. Mantiene la unidad de dirección administrativa, promueve y coordina la actividad de los Ministros. Los Ministros son responsables solidariamente de los actos del Consejo de Ministros e individualmente de los actos de su respectiva cartera.

**Artículo 81.-** El Consejo de Ministros, en el marco de la Constitución y las leyes:

1. Ejecuta el plan de desarrollo socioeconómico de la nación.

2. Dirige y gestiona los servicios públicos

3. Propone proyectos de ley y resolución legislativa a la Asamblea Nacional de Clases Sociales.

El Consejo de Ministros rinde cuentas ante la Asamblea Nacional de Clases Sociales.

**Artículo 82.-** Los Ministros de Estado no pueden ejercer actividades lucrativas, gestionar empresas o asociaciones privadas.

## Capítulo IX

# DE LA COMISIÓN MILITAR CENTRAL

**Artículo 83.-** La Comisión Militar Central es el órgano supremo de dirección de las fuerzas armadas y de la Policía Nacional.

**Artículo 84.-** La Presidencia de la Comisión Militar Central la ejerce un diputado de la clase social media. Tal Presidente es nombrado por la Asamblea Nacional de Clases Sociales a propuesta del Partido Político de Clase Media.

Los Vicepresidentes y miembros de la Comisión Militar Central son nombrados por la Asamblea Nacional de Clases Sociales, en forma participativa, a propuesta de los partidos políticos de las clases sociales.

El Presidente de la Comisión Militar Central responde ante la Asamblea Nacional de Clases Sociales

# DE LAS FUERZAS ARMADAS

**Artículo 85.-** Las Fuerzas Armadas son inalienables. El pueblo organizado la administra y participa en su ejercicio, bajo el principio imprescriptible de Soberanía Popular, en la forma prescrita por esta Constitución y las leyes que la reglamentan.

**Artículo 86.-**Las Fuerzas Armadas, constituidas por el Ejército de Tierra, la Armada y el Ejército del Aire, tienen como misión garantizar la soberanía e independencia de nacional, defender su integridad territorial y el ordenamiento constitucional[78].

**Artículo 87.-** Los oficiales[79] de las fuerzas armadas son seleccionados de las tres clases sociales en forma equitativa, conforme a ley.

**Artículo 88.-** La Policía Nacional, conformada con participación del pueblo organizado, garantiza y restablece el orden interno. Las Fuerzas Armadas colaboran con la Policía Nacional en tiempos de paz.

# Capítulo X
# DEL RÉGIMEN DE EXCEPCIÓN

**Artículo 89.-** El Régimen de excepción acrecienta la unidad de dirección del Estado. Por lo tanto:

1. Acrecienta la representación parlamentaria de la clase media, que asume la dirección y el control de la Asamblea Nacional de Clases Sociales.

2. Mientras dure el Estado de Emergencia, la representación parlamentaria de las otras clases sociales se reduce a la mitad.

---

[78] Constitución española de 1978

[79] El poder, sin mermar su operatividad, tiene que ser distribuido dentro de las fuerzas armadas, para que no se convierta en autodestructivo, o para evitar el abuso. Como dice Montesquieu, el poder, mediante la disposición de las cosas, debe controlar al poder (Montesquieu, 2002, pág. 245)

De esta manera se evitarán las aventuras militares que destruyen la soberanía popular, los estados de derecho, las libertades y las naciones, como las del coronel Hugo Chávez en Venezuela, y tantos otros alrededor del mundo.

3. El Parlamento activa leyes especiales para la recuperación del orden público.

**Artículo 90.-** Se contemplan los siguientes estados de excepción, conforme a ley:

1. Estado de emergencia, en caso de desastres, catástrofes o calamidades.

2. Estado de sitio, en caso de guerra civil, guerra exterior, o grave perturbación social.

La ley determina procedimientos adicionales y la duración de tales Estados de Excepción.

# Capítulo XI
# DE LA AUTORIDAD JUDICIAL

**Artículo 91.-** La Autoridad Judicial se administra en nombre del pueblo soberano organizado[80]

---

[80] AUTORIDAD JUDICIAL Y NECESIDAD DE REFORMAS ESTRUCTURALES

En el Perú —y en otras naciones—, el estado de derecho conformado a las leyes de la ONU ha funcionado como instrumento del crimen organizado:

> Tenemos el caso de las empresas azucareras de Lambayeque, donde reina la ley de una selva en la que se enfrentan grupos mafiosos, algunos de ellos con ejércitos de sicarios y reguero de muertos, por el control administrativo de la empresa. Y, por supuesto, el instrumento para tomar la administración y desplazar al otro es algún juez de una jurisdicción lejana, eventualmente respaldado por la propia Corte Superior de Lambayeque. Hemos sido testigos, hace poco, de cómo un juez de Bongará en Amazonas, instaló en la administración de la azucarera Tumán al grupo llamado el CLAN, destituyendo al directorio presidido por Felipe Cantuarias que había sido debidamente elegido en una junta de accionistas. ¿Cómo puede un juez de Bongará dictar una medida cautelar en relación a una empresa situada en Lambayeque?

# REFORMAS CONSTITUCIONALES y PARTIDOS POLÍTICOS DE SEGUNDA GENERACIÓN

El juez está sometido solamente a la Constitución y las leyes.

---

Duberly Rodriguez —Presidente de la Corte Suprema y del Poder Judicial— me respondió en entrevista publicada en El Comercio que impedir que un juez pueda dictar una medida cautelar para otra jurisdicción, requiere ley, y que hay un proyecto en el Congreso que no se aprueba. Pero no lo hemos visto reclamando y tampoco tomando medidas internas que, interpretando la ley vigente, puedan limitar o precisar los casos en los que se pueda dictar tales medidas.

Los casos son incontables. La gota que rebalsó el vaso fue la orden de excarcelación de Samuel Roncal Miñano, procesado por el asesinato de un inspector de la Sunat en Chiclayo, y preso en la cárcel de Chiclayo. Esta orden fue dada por un juez de Paz Letrado ¡de Amazonas!, que atendió un habeas corpus a favor de Roncal. Felizmente el funcionario del INPE que recibió la notificación adujo una falla formal que debía ser subsanada, lo que dio tiempo al ministerio del Interior para protestar hasta que la propia Corte Superior de Amazonas dio como explicación que esa notificación había sido ¡falsificada! Pero no lo había sido. Fue una manera de salir del paso (ALTHAUS, 2017).

CASO "CUELLOS BLANCOS DEL PUERTO" (CRIMEN ORGANIZADO)

Bastó un audio para que el ámbito judicial se remeciera en lo más profundo de sus entrañas. En julio se cumplirá un año de la divulgación de una conversación grabada entre el ex presidente de la Corte de Justicia del Callao, Walter Ríos, y su esposa, la abogada Maritza Sánchez, en el portal de IDL-Reporteros.

El diálogo sacó a la luz los lobbies del hoy preso magistrado a favor de la candidatura del entonces miembro del Consejo Nacional de la Magistratura (CNM), Orlando Velásquez, a la presidencia de dicho organismo. Pero esa sería solo la punta del iceberg del golpe más certero que se haya dado en el país contra la corrupción en el sistema de justicia.

La madeja extendería sus hilos cada vez más, hasta llegar a funcionarios de la justicia peruana con la más alta investidura. Es allí cuando aparecen en escena el ex juez supremo César Hinostroza y los consejeros Velásquez, Guido Águila, Julio Gutiérrez e Iván Noguera.

La trama alcanzó incluso al ex Presidente del Poder Judicial, César San Martín, quien pidió una "ayudita" a Ríos en un caso familiar.

Otro que no se salvó fue el ex Fiscal de la Nación Pedro Chávarry, al cual se denunció ante el Congreso; sin embargo, el proceso fue archivado en la Subcomisión de Acusaciones Constitucionales del Parlamento.

Entre los involucrados también figuran los empresarios Edwin Camayo y Mario Mendoza, así como el ex Presidente de la Federación Peruana de Fútbol Edwin Oviedo. Del mismo modo, hay funcionarios judiciales y personas externas como Gianfranco Paredes, John Misha, Nelson Aparicio, Carlos Parra, Verónica Rojas, Jacinto Salinas, Víctor León, Juan Eguez, Fernando

**Artículo 92.-** La Autoridad Judicial se ejerce a través de  órganos jerárquicos con arreglo a la Constitución y a las leyes.

**Artículo 93.-**En todo  proceso, de existir incompatibilidad entre una norma constitucional y una norma legal, los jueces prefieren la primera. Igualmente, prefieren la norma legal sobre toda otra norma de rango inferior.

---

Seminario y José Cavassa.

A lo largo de las investigaciones, otros personajes aparecieron, como el fiscal supremo Víctor Rodríguez Monteza y el juez supremo Aldo Figueroa (DIARIO CORREO, 2019)

EN MÉXICO, LA CORRUPCIÓN TIENE ORIGEN: LOS JUECES:

Todos los delincuentes guardan una parte del dinero que sacan de su actividad ilegal porque saben que en algún momento serán detenidos y tendrán que dar dinero a alguien en el juzgado para salir en libertad o que les den sentencias pequeñas. Por alguna razón en este país hablar de los jueces es prácticamente un tabú y no es para menos. El caso de Anuar González Hemadi, juez que otorgó el amparo al miembro de los "Porkys" Diego Cruz con una sentencia que es en sí misma una ofensa a la inteligencia y la moral; no es una excepción sino prácticamente una regla. En todos los niveles y en todos los ámbitos México está repleto de historias de casos que se resolvieron no conforme a Derecho sino según el que haya gastado más o tuviera mejores amigos, más afines al juez de la causa o al secretario del juzgado (que en muchos casos es quien determina las sentencias) [...] (MARTÍNEZ, 2017)

En Europa, según datos de Transparency International, la corrupción de los jueces:

Socava los cimientos del estado de derecho y la posibilidad misma de lucha contra la corrupción en otros sectores de la sociedad [...] Impide gravemente la protección de los derechos humanos, en particular la independencia e imparcialidad judicial, al tiempo que debilita la confianza pública en el proceso judicial y en los principios de legalidad y seguridad jurídica.

El órgano reconoce que "está alarmado porque [...] el poder judicial se percibe como una de las instituciones más corruptas en Albania, Armenia, Azerbaiyán, Bulgaria, Croacia, Georgia, Lituania, Moldavia, Portugal, Rumania, Rusia, Serbia, Eslovaquia, Eslovenia, Ucrania y España (Nalda, 2016).

# REFORMAS CONSTITUCIONALES y PARTIDOS POLÍTICOS DE SEGUNDA GENERACIÓN

**Artículo 94**.- Son principios y derechos  de la función jurisdiccional:

1.  La unidad y exclusividad de la función jurisdiccional.

    No hay proceso judicial por comisión o delegación.

2.  La independencia en el ejercicio de la función jurisdiccional. Ninguna autoridad puede avocarse a causas pendientes ante  el órgano jurisdiccional ni interferir en el ejercicio de sus funciones. Tampoco puede dejar sin efecto resoluciones que han pasado en autoridad de cosa juzgada, ni cortar procedimientos en trámite, ni modificar sentencias ni retardar su ejecución.

    Estas disposiciones no afectan el derecho de gracia ni la facultad de investigación de la Asamblea Nacional de Clases Sociales.

3.  toda persona debe ser informada, inmediatamente y por escrito, de las causas o razones de su detención.

4.  El principio de la gratuidad de la administración de justicia y de la defensa gratuita para las personas de clase social baja; y, para todos, en los casos que la ley señala.

5.  El principio del derecho de toda persona de formular análisis y críticas de las resoluciones y sentencias judiciales, con las limitaciones de ley.

6.  El principio de que el régimen penitenciario tiene por objeto la reeducación, rehabilitación y reincorporación del penado a la sociedad.

**Artículo 95.-** La pena de muerte se aplica por delitos agravados contra la vida, la libertad y el patrimonio, conforme a ley.

**Artículo 96.-** Corresponde a la Corte Suprema fallar en casación, o en última instancia, cuando la acción se inicia en una Corte Superior o ante la propia Corte Suprema conforme a ley.

**Artículo 97.-** No son revisables en sede judicial las resoluciones del Jurado Nacional de Elecciones en materia electoral, ni las de la Junta Nacional de Justicia en materia de evaluación y ratificación de jueces.

**Artículo 98.-** La Autoridad Judicial está integrada por órganos jurisdiccionales que administran justicia, y por órganos que ejercen su gobierno y administración.

Los órganos jurisdiccionales son: la Corte Suprema de Justicia y las demás cortes y juzgados que determine su ley orgánica.

**Artículo 99.-** El Presidente de la Corte Suprema lo es también de la Autoridad Judicial. La Sala Plena de la Corte Suprema es el órgano máximo de deliberación de la Autoridad Judicial.

**Artículo 100.-** La Autoridad Judicial presenta su proyecto de presupuesto ante el Ministerio de Economía y Finanzas. Lo sustenta en esa instancia y ante la Asamblea Nacional de Clases Sociales.

**Artículo 101.-** La función jurisdiccional es incompatible con cualquiera otra actividad pública o privada, con excepción de la docencia universitaria fuera del horario de trabajo.

Los jueces sólo perciben las remuneraciones que les asigna el Presupuesto y las provenientes de la enseñanza o de otras tareas expresamente previstas por la ley.

El Estado garantiza a los magistrados judiciales:

1. Su independencia. Sólo están sometidos a la Constitución y las leyes.

2. La inamovilidad en sus cargos. No pueden ser trasladados sin su consentimiento.

3. Su permanencia en el servicio, mientras observen conducta e idoneidad propias de su función.

**Artículo 102.-** Para ser Magistrado de la Corte Suprema se requiere:

1. Ser [...][81] de nacimiento.

2. Ser ciudadano en ejercicio.

3. Ser mayor de cuarenta y cinco años.

4. Haber sido magistrado de la Corte Superior o Fiscal Superior durante diez años, o haber ejercido la abogacía o la cátedra universitaria en materia jurídica durante quince años.

---

[81] Gentilicio del pueblo constituyente.

**Artículo 103.-** Las autoridades de las Comunidades Campesinas y Nativas, con el apoyo de las Rondas Campesinas, pueden ejercer las funciones jurisdiccionales dentro de su ámbito territorial de conformidad con el derecho consuetudinario, siempre que no violen los derechos fundamentales de la persona. La ley establece las formas de coordinación de dicha jurisdicción especial con los Juzgados de Paz y con las demás instancias de la Autoridad Judicial.

## Capítulo XII
# DE LA JUNTA NACIONAL DE JUSTICIA

**Artículo 104.-** La Junta Nacional de Justicia se encarga de la formación, selección y el nombramiento de los jueces y fiscales.

**Artículo 105.-**El derecho de formación y selección de jueces y fiscales es inalienable. El pueblo organizado participa en tal ejercicio bajo el principio imprescriptible de Soberanía Popular, en el marco de esta Constitución y las leyes.

 La Junta Nacional de Justicia es independiente y se rige por su Ley Orgánica,

**Artículo 106.-** La Academia de la Magistratura, que forma parte de la Autoridad Judicial, se encarga de la formación y capacitación de jueces y fiscales en todos sus nivele, conforme a ley.

Es requisito para el ascenso la aprobación de los estudios especiales que requiera dicha Academia.

**Artículo 107.-**En forma especial, la Academia realiza capacitación permanente a ciudadanos de la clase social baja con aspiración a ser jueces y fiscales, conforme a ley.

**Artículo 108.-** Los jueces y fiscales están prohibidos de sindicarse y de declararse en huelga.

**Artículo 109.-** Son funciones del Consejo Nacional de la Magistratura:

1. Nombrar, previo concurso público de méritos y evaluación personal, a los jueces y fiscales de todos los niveles, conforme a ley.

2. Ratificar a los jueces y fiscales de todos los niveles cada tres años. Los no ratificados no pueden reingresar al Poder Judicial ni al Ministerio Público. El proceso de ratificación es independiente de las medidas disciplinarias.

3. Aplicar la sanción de destitución a los vocales de la Corte Suprema y Fiscales Supremos y, a solicitud de la Corte Suprema o de la Junta de Fiscales Supremos, respectivamente, a los jueces y fiscales de todas las instancias. La resolución final, motivada y con previa audiencia del interesado, es inimpugnable.

4. Extender a los jueces y fiscales el título oficial que los acredita.

**Artículo 110.-** Son miembros de la Junta Nacional de Justicia, conforme a la ley de la materia:

1. Dos elegidos por el Congreso Nacional del partido político de Clase Alta.

2. Dos elegidos por el Congreso Nacional del partido político de Clase Media.

3. Dos elegidos por el Congreso Nacional del partido político de Clase Baja.

4. Uno elegido por los miembros de los Colegios de Abogados del país, en votación secreta.

5. Uno elegido, en votación secreta, por los rectores de las universidades nacionales.

6. Uno elegido, en votación secreta, por los rectores de las universidades particulares.

Los miembros titulares del Junta Nacional de la Justicia son elegidos, conjuntamente con los suplentes, por un período renovable de cinco años.

**Artículo 111.-** Para ser miembro la Junta Nacional de Justicia se requieren los mismos requisitos que para ser Vocal de la Corte Suprema.

**Artículo 112.-** Los miembros del Junta Nacional de la Justicia pueden ser removidos por causa grave por los partidos políticos de las clases sociales o las instituciones que los eligieron, conforme a ley.

# Capítulo XIII
# DEL MINISTERIO PÚBLICO

**Artículo 113.-** El Ministerio Público[82] se ejerce en nombre del pueblo soberano organizado.

Los fiscales están sometidos solamente a la Constitución y las leyes.

**Artículo 114.-** El Ministerio Público goza de autonomía. El Fiscal de la Nación lo preside. Es elegido por la Junta de Fiscales Supremos. El cargo de Fiscal de la Nación dura cinco años. Los miembros del Ministerio Público tienen los mismos derechos y prerrogativas y están sujetos a las mismas obligaciones que los de la Autoridad Judicial en la categoría respectiva. Les afectan las mismas incompatibilidades. Su nombramiento está sujeto a requisitos y procedimientos idénticos a los de los miembros de la Autoridad Judicial en su respectiva categoría.

Los fiscales supremos pueden ser removidos por causa grave por la Junta Nacional de Justicia, conforme a ley.

**Artículo 115.-** Corresponde al Ministerio Público:

---

[82] Textos desarrollados como modificación al Capítulo X de la Constitución del Perú (CONSTITUCION PERU, 2019)

1. Promover de oficio, o a petición de parte, la acción judicial en defensa de la legalidad y de los intereses públicos tutelados por el derecho.

2. Velar por la independencia de los órganos jurisdiccionales y por la recta administración de justicia.

3. Representar en los procesos judiciales a la sociedad.

4. Conducir desde su inicio la investigación del delito. Con tal propósito, la Policía Nacional está obligada a cumplir los mandatos del Ministerio Público en el ámbito de su función.

5. Emitir dictamen previo a las resoluciones judiciales en los casos que la ley contempla.

6. Ejercer iniciativa en la formación de las leyes; y dar cuenta a la Asamblea Nacional de Clases Sociales de los vacíos o defectos de la legislación.

**Artículo 116.-** El proyecto de presupuesto del Ministerio Público se aprueba por la Junta de Fiscales Supremos. Se presenta ante el Ministerio de Economía y se sustenta en esa instancia y en la Asamblea Nacional de Clases Sociales.

## Capítulo XIV

# DEL DEFENSOR DE LOS DERECHOS[83]

**<u>Artículo 117</u>.-** El Defensor de los Derechos velará por el respeto de los derechos y las libertades por parte de las administraciones del Estado, los partidos políticos de las clases sociales, las entidades territoriales, los establecimientos públicos, así como cualquier organismo encargado de una misión de servicio público o respecto del cual la ley orgánica le atribuya competencias.

Podrá ser solicitado, en las condiciones previstas en la ley orgánica, por cualquier persona que se considere perjudicada por el funcionamiento de un servicio público o un organismo referido en el primer párrafo. Podrá ser solicitado de oficio.

La ley orgánica definirá las atribuciones y las modalidades de intervención del Defensor de los Derechos. Determinará las condiciones en que pueda ser asistido por un colegio para el ejercicio de algunas de sus atribuciones.

El Defensor de los Derechos será elegido, bajo principios de oposición y meritocracia, por la Asamblea Nacional de Clases Sociales por un mandato renovable de tres años.

---

[83] Texto inspirado como modificación al artículo 71 de la Constitución francesa de 1958 (CONSTITUCIÓN FRANCIA, 1958)

Las incompatibilidades de la función del Defensor de Derechos serán fijadas por la ley orgánica.

El Defensor de los Derechos dará cuenta de su actividad a la Asamblea Nacional de Clases Sociales.

# Capítulo XV
# DEL SISTEMA ELECTORAL

**Artículo 118.-** El sistema electoral[84] tiene por finalidad asegurar que las votaciones traduzcan la expresión auténtica, libre y espontánea de los ciudadanos de las clases sociales; y que los escrutinios sean reflejo exacto y oportuno de la voluntad del elector expresada en las urnas.

Tiene por funciones básicas el planeamiento, la organización y la ejecución de los procesos electorales; el mantenimiento y la custodia de un registro único de identificación de las personas; y el registro de los actos que modifican el estado civil.

**Artículo 119.-** La administración del sistema electoral es inalienable. Se desarrolla bajo el principio imprescriptible de Soberanía Popular. El pueblo organizado participa en tal ejercicio en el marco de esta Constitución y las leyes que la reglamentan.

---

[84] Textos desarrollados como modificación al Capítulo XIII de la Constitución Política del Perú (CONSTITUCION PERU, 2019).

**Artículo 120.-** El sistema electoral está conformado por el Jurado Nacional de Elecciones; la Oficina Nacional de Procesos Electorales; y el Registro Nacional de Identificación y Estado Civil. Actúan con autonomía y mantienen entre sí relaciones de coordinación, de acuerdo con sus atribuciones.

**Artículo 121.-** Compete al Jurado Nacional de Elecciones:

1. Fiscalizar la legalidad del ejercicio del sufragio y de la realización de los procesos electorales, así como también la elaboración de los padrones electorales.

2. Mantener y custodiar el registro de los tres partidos políticos.

3. Velar por el cumplimiento de las normas sobre partidos políticos y demás disposiciones referidas a materia electoral.

4. Administrar justicia en materia electoral.

5. Proclamar a los candidatos elegidos, y expedir las credenciales correspondientes.

6. Las demás que la ley señala.

En materia electoral, el Jurado Nacional de Elecciones tiene iniciativa en la formación de las leyes.

Presenta al Ministerio de Economía y Finanzas el proyecto de Presupuesto del Sistema Electoral que incluye por separado las partidas propuestas por cada entidad del sistema. Lo sustenta en esa instancia y ante la Asamblea Nacional de Clases Sociales.

**Artículo 122.-** La máxima autoridad del Jurado Nacional de Elecciones es un Pleno compuesto por tres miembros elegidos por la Asamblea Nacional de Clases Sociales, de tal manera que:

1. Uno represente a la clase social alta, elegido por el Congreso del Partido de Clase Social Alta.

2. Uno represente a la clase social media, elegido por el Congreso del Partido de Clase Social Media.

3. Uno represente a la clase social baja, elegido por el Congreso del Partido de Clase Social Baja.

El Pleno del Jurado Nacional de Elecciones elige a su Presidente.

**Artículo 123.-** Los integrantes del Pleno del Jurado Nacional de Elecciones no pueden ser menores de cuarenta y cinco años ni mayores de setenta. Son elegidos por un período renovable de cuatro años.

El cargo es remunerado y de tiempo completo. Es incompatible con cualquiera otra función pública, excepto la docencia a tiempo parcial.

**Artículo 124.-** El Pleno del Jurado Nacional de Elecciones aprecia los hechos con criterio de conciencia. Resuelve con arreglo a ley y a los principios generales de derecho. En materias electorales, sus resoluciones son dictadas en instancia final, definitiva, y no son revisables. Contra ellas no procede recurso alguno.

**Artículo 125.-** El Jefe de la Oficina Nacional de Procesos Electorales es nombrado por el Jurado Nacional de Elecciones por un período renovable de cuatro años. Puede ser removido por dicho Jurado por causa grave. Está afecto a las mismas incompatibilidades previstas para los integrantes del Pleno del Jurado Nacional de Elecciones.

Le corresponde organizar todos los procesos electorales, incluido su presupuesto, así como la elaboración y el diseño de la cédula de sufragio. Le corresponde asimismo la entrega de actas y demás material necesario para los escrutinios y la difusión de sus resultados. Brinda información permanente sobre el cómputo desde el inicio del escrutinio en las mesas de sufragio. Ejerce las demás funciones que la ley le señala.

**Artículo 126.-** El Jefe del Registro Nacional de Identificación y Estado Civil es nombrado por el Jurado Nacional de Elecciones por un período renovable de cuatro años. Puede ser removido por dicho Jurado por causa grave. Está afecto a las mismas incompatibilidades previstas para los integrantes del Pleno del Jurado Nacional de Elecciones.

El Registro Nacional de Identificación y Estado Civil tiene a su cargo la inscripción de los nacimientos, matrimonios, divorcios, defunciones, y otros actos que modifican el estado civil. Emite las constancias correspondientes. Prepara y mantiene actualizado el padrón electoral.

Proporciona al Jurado Nacional de Elecciones y a la Oficina Nacional de Procesos Electorales la información necesaria para el cumplimiento de sus funciones. Mantiene el registro de identificación de los ciudadanos y emite los documentos que acreditan su identidad.

Ejerce las demás funciones que la ley señala.

**Artículo 127.-** El escrutinio de los votos en toda clase de elecciones se realiza en acto público e ininterrumpido sobre la mesa de sufragio. Sólo es revisable en los casos de error material o de impugnación, los cuales se resuelven conforme a ley.

**Artículo 128.-** La Oficina Nacional de Procesos Electorales dicta las instrucciones y disposiciones necesarias para el mantenimiento del orden y la protección de la libertad personal durante los comicios. Estas disposiciones son de cumplimiento obligatorio para las Fuerzas Armadas y la Policía Nacional.

## Capítulo XVI
## DEL TRIBUNAL CONSTITUCIONAL

**Artículo 129.-** El Tribunal Constitucional[85] ejerce funciones en nombre del pueblo soberano organizado. Es independiente y se rige por su Ley Orgánica.

**Artículo 130**.- El Tribunal Constitucional es competente para conocer en instancia única casos especiales no resueltos por la Asamblea Nacional de Clases Sociales o la Autoridad Judicial:

1. Del recurso de inconstitucionalidad contra leyes y disposiciones normativas con fuerza de ley, salvo en los casos de declaratoria de estado de emergencia o de sitio.

2. De los conflictos de competencia entre las instituciones estatales o los partidos políticos entre sí.

**Artículo 131.-** El Tribunal Constitucional se compone de seis miembros elegidos por un mandato renovable de cuatro años.

Los miembros del Tribunal Constitucional deberán ser nombrados por la Asamblea Nacional de Clases Sociales entre magistrados y fiscales, profesores de universidad, funcionarios públicos y abogados, todos ellos juristas de reconocida competencia con más de quince años de ejercicio profesional.

La condición de miembro del Tribunal Constitucional es incompatible con todo mandato representativo; con los cargos políticos o administrativos; con el desempeño de funciones directivas en un partido político o en un sindicato; con el ejercicio de las carreras judicial o fiscal, y con cualquier actividad profesional o mercantil.

---

[85] Texto desarrollado como modificación a la Constitución de España (CONSTITUCIÓN ESPAÑOLA, 1978)

En lo demás, los miembros del Tribunal Constitucional tendrán las incompatibilidades propias delos miembros de la Autoridad Judicial.

El Tribunal Constitucional nombra a su Presidente, conforme a su Ley Orgánica.

**Artículo 132.-** Están legitimados para interponer acción de inconstitucionalidad:

1. El Primer Ministro con acuerdo del Consejo de Ministros, en materias de su competencia.

2. El Presidente de la Corte Suprema con acuerdo de la Sala Plena de la Corte Suprema en materias de su competencia.

3. El Fiscal de la Nación con acuerdo de los fiscales supremos, en materias de su competencia.

4. El Defensor de los Derechos, en materias de su competencia.

5. Un partido político por medio de sus diputados, del Congreso del Partido, o su Comité Central.

6. En los demás casos, la Ley Orgánica determina los órganos legitimados.

**Artículo 133.-** Las sentencias del Tribunal Constitucional se publican en el Boletín Oficial del Estado con los votos particulares, si los hubiere. Tienen el valor de cosa juzgada a partir del día siguiente de su publicación y no cabe recurso alguno contra ellas.

# REFORMAS CONSTITUCIONALES y PARTIDOS POLÍTICOS DE SEGUNDA GENERACIÓN

# DECLARACIÓN DE LOS DERECHOS DEL HOMBRE Y DEL CIUDADANO CONTENIDA EN LOS CUADERNOS DE REPRESENTACIÓN

## INSTRUCCIONES PARA LA REDACCIÓN DE UNA CONSTITUCIÓN

CUADERNO DE QUEJAS DEL TERCER ESTADO DE LA BAILÍA DE NANCY

La Asamblea pide que la persona de los diputados en los Estados Generales sea inviolable y sagrada, y durante todo el tiempo de la reunión no estén sometidos más que a la jurisdicción y la policía de los mismos Estados […]

El objeto del que deben ocuparse esencialmente y en primer lugar, es el de asegurarse a Francia una Constitución buena y sólida, que fije para siempre y de la forma más clara posible los derechos del Trono y los de la Nación.

CUADERNO QUE CONTIENE EL VOTO DE LA COMUNIDAD DE LA PARROQUIA DE SAN PIERRE DE BRIE BAJO MATHA (COMENTARIO)

El cuaderno de Brie también conduce a temas más "políticos": exige una constitución (art. 23), la frecuencia de los Estados Generales (art. 24), la igualdad antes de impuestos (art. 25), "distribuido sobre todos los ciudadanos sin distinción de privilegios únicamente en función de sus propiedades ", el concepto de mérito para acceder a los cargos judiciales (art. 30), la denegación de arbitrariedad en materia de encarcelamiento (art. 28).

## ELECCIÓN Y FORMALIZACIÓN DEL MANDATO A LOS

## DIPUTADOS

CUADERNO QUEJAS D'ANGOUMOIS - GENSAC - ENCLAVE DE LA PALLUE

[...] dichos habitantes, después de haber deliberado cuidadosamente sobre la elección de los Diputados, a quienes deben nombrar de acuerdo con Dit.lettres du Roy, y los reglamentos anexos, y los votos que hemos recogido de la manera acostumbrada, la pluralidad de votos se reunió a favor del Sr. Pierre Beaurivier y Pierre Gabelloteau, hijo de Jean, quienes aceptaron dicha comisión y prometieron adquirirla fielmente.

La mencionada designación de los diputados hizo que dichos habitantes hayan entregado en nuestra presencia a dichos sieurs de Beaurivier y Gabelloteau sus asistentes el cuaderno para llevarlo a la asamblea que se celebrará el [blanco] este mes ante el señor Sénéchal D 'Angoumois, y les dio todos los poderes necesarios con el fin de representarlos en dicha asamblea, para todas las operaciones prescritas por la ordenanza mencionada anteriormente de Mondit sieur Le Sénéchal; como parte de dar poderes generales y suficientes, de proponer, demostrar, asesorar y consentir todo lo que pueda preservar sus necesidades. del estado, la reforma de los abusos, el establecimiento de un orden fijo y duradero en todas las partes de la administración, la prosperidad general del reino[…]

Y por su parte, dichos Diputados son actualmente responsables del libro de quejas de dicho enclave[…]; y prometí llevarlo a dicha asamblea y cumplir con todo lo que prescriba y ordene mediante las llamadas cartas de Roy, las regulaciones anexas y las órdenes al respecto, de las cuales se nombran diputados, se entregan cuadernos, poderes y declaraciones. tenemos todos .el acto de aparición mencionado anteriormente, y hemos firmado con los de dichos habitantes que saben cómo firmar, y con dichos diputados nuestras minutas actuales, así como el duplicado que actualmente entregamos a dichos diputados para confirmar sus poderes y el presente será depositado en los archivos de la secretaría de esta comunidad en dicho día y año.

CUADERNO DE QUEJAS DEL CLERO DEL SENESCAL DE

SAINTONGE

INSTRUCCIÓNES A SUS DIPUTADOS

[…]Cuando el Rey, amigo de su pueblo, haya sancionado estas leyes que están de acuerdo con la sabiduría de Su Majestad, y necesarias para establecer las bases de una buena constitución, el clero autoriza a sus representantes a otorgar cualquier impuesto que considere necesario la nación reunida en asamblea para cubrir el déficit de las finanzas, después de que haya sido bien conocido y probado, qué impuesto será soportado por igual y sin distinción por las tres órdenes del Estado.


El clero otorga, sobre todo lo demás, poder a sus diputados para proponer, re ensamblar, asesorar y consentir todo lo que pueda referirse a las necesidades del Estado, el establecimiento de un orden fijo y duradero en todas las partes del país. administración, la prosperidad general del reino y el bien de cada uno de los sujetos.

PODERES DE LA NOBLEZA DEL SENESCAL DE SAINTONGE A SUS DIPUTADOS EN LOS FUTUROS ESTADOS GENERALES.

La nobleza del senescal de Saintonge, llena de confianza en la bondad del Rey y tranquilizada por las solemnes promesas que Su Majestad hizo a la nación, consideró necesario otorgar a sus representantes los siguientes poderes:

1. Declaramos a nuestros diputados ante los Estados Generales que son solo nuestros agentes, los portadores de nuestro poder, los intérpretes de nuestros deseos. De acuerdo con estos principios, que siempre serán nuestros, ordenamos a nuestros diputados a los Estados Generales que no se desvíen de ninguna manera de las órdenes e instrucciones que les vamos a dar; y en caso de que no los cumplan en todos los aspectos, los desconocemos y los declaramos para siempre indignos de nuestra confianza.

2. Prohibimos a nuestros diputados que no otorguen ningún tipo de subsidio, ningún tipo de impuesto, ningún tipo de préstamo, bajo ningún nombre y denominación, antes de haber obtenido la promulgación auténtica de las siguientes leyes:

3. La primera de estas leyes será la que garantizará nuestra libertad personal y nuestras propiedades; y esta ley será tal, con respecto a la seguridad personal, que aboliendo incluso el nombre de una carta de timbre, el ministro que arrestará a un ciudadano bajo cualquier orden, se verá obligado a entregarlo sin demora a su juez natural, para ser juzgado de acuerdo con las leyes del reino, y que cualquier encarcelamiento en violación de esta ley, se considerará vejatorio, dando derecho a la parte civil a demandar

al autor por sus daños, y a la parte pública perseguirlo también como una perturbación del descanso de los ciudadanos.

[…] Recomendamos que nuestros miembros del Parlamento mantengan esta armonía si es necesario, y esperamos su celo de que, al justificar por su conducta la confianza con la que los hemos honrado, estarán imbuidos del espíritu patriótico que dicta nuestras instrucciones.

## PROBABILIDAD DE RENUNCIAR A LAS INSTRUCCIONES

PODERES DE LA NOBLEZA DEL SENESCAL DE SAINTONGE A SUS DIPUTADOS EN LOS FUTUROS ESTADOS GENERALES.

VOTO EN LOS ESTADOS GENERALES

La intención de la nobleza de Saintonge es que se vote por orden en los Estados Generales, ya sea en materia de impuestos o en materia de legislación. Nuestros diputados respaldarán nuestra opinión con todo su poder, y les ordenamos que renuncien solo si la pluralidad de votos, tomada en el orden de la nobleza, presenta una opinión contraria.

## Artículos de la **DECLARACIÓN DE LOS DERECHOS DEL HOMBRE Y DEL CIUDADANO** contenidos en las instrucciones a los diputados:

**Artículo 1.- Los hombres nacen y permanecen libres e iguales en derechos. Las distinciones sociales sólo pueden fundarse en la utilidad común.**

CUADERNO DE QUEJAS  DEL TERCER ESTADO DE LA CIUDAD DE LA ROCHELLE

INSTRUCCIÓN N° 18 A LOS DIPUTADOS

Los diputados protestarán contra la exclusión otorgada al tercer estado por los lugares del alto clero, el ejército y el mar, y los tribunales soberanos. Representarán que, las virtudes, la valentía y los talentos son naturales para el tercer estado en cuanto a los individuos de las dos primeras órdenes, esta exclusión no puede permanecer en un siglo ilustrado, y que todos los lugares del alto clero, del ejército de La tierra y el mar y los tribunales soberanos deben estar abiertos al tercer estado en cuanto a las dos primeras órdenes y sin distinción.

INSTRUCCIÓN N° 22 A LOS DIPUTADOS

(Los diputados) exigirán la abolición de los feudos , este derecho, monumento a la barbarie feudal, siendo costoso en sí mismo, insultando al tercer estado y volviéndose cada día más irritante por los rigores de la percepción.

## INSTRUCCIÓN N° 55 A LOS DIPUTADOS

(Los diputados) observarán que la opinión que trae de vuelta la infamia de la tortura sobre la familia del culpable tiene su origen en las penas desiguales infligidas al noble y al plebeyo; que es necesario [...], como legislador soberano, que la ley debe imponer indiscriminadamente el mismo castigo a todos los hombres que han caído en el mismo grado de delito y degradación; que el crimen hace infames a todos los criminales, el castigo debe ser infame para todos; que la opinión contraria destruye las costumbres públicas y todos los principios de sociabilidad.

## LA IGUALDAD COMO DERECHO NATURAL Y

## PRINCIPIO RECTOR

CUADERNO DE QUEJAS  DE LA PAROQUIA D'AUNIS - ARS-EN-RÉ

[...] los privilegios de la inmunidad del impuesto deben considerarse como una infracción del derecho natural, el de la igualdad[...]

**Artículo 2.- La finalidad de cualquier asociación política es la protección de los derechos naturales e imprescriptibles del hombre. Tales derechos son la libertad, la propiedad, la seguridad y la resistencia a la opresión.**

CUADERNO DE QUEJAS DE LA ORDEN DE LA NOBLEZA DE LA ROCHELLE

PREÁMBULO DE LAS INSRUCCIONES A SUS DIPUTADOS

[…] el interés general es la primera ley de cualquier sociedad.

El interés general se extiende sobre tres objetos:

1. La conservación de la existencia;

2. La preservación de la libertad;

3. La conservación de las propiedades, la continuación natural y los medios únicos para disfrutar de la existencia y la libertad.

Este es el único objetivo que las leyes de cualquier gobierno deben alcanzar.

CUADERNO DEL TERCER ESTADO DEL SENESCAL DE SAINT-

JEAN-D'ANGÉLY

INSTRUCCIONES A LOS DIPUTADOS

ARTÍCULO 8

La libertad individual de todos los franceses se declarará inviolable, y

nadie podrá ser privado de él por ninguna carta de estampilla u orden

ministerial, las Evocaciones y las cartas de comisión se eliminarán, y

nadie, bajo ningún pretexto, podrá ser eliminado. a sus jueces naturales.

CUADERNO DE QUEJAS DEL CLERO DEL SENESCAL DE

SAINTONGE

INSTRUCCIÓN N° 24  A SUS DIPUTADOS

La libertad, ese bien precioso e inalienable que la naturaleza le ha dado

al hombre, está, en la sociedad, bajo la protección de las leyes. Su

Majestad, imbuido de esta máxima y alejado por carácter de cualquier

acto de autoridad arbitraria, prometió poner fin al abuso de las Letras del

Sello. Los franceses, tranquilizados por esta promesa, que consideran

una palabra sagrada, esperan que su libertad esté más allá de todo

alcance, y que cualquier ciudadano, incluso el más pobre y oscuro, nunca

podrá convertirse en la víctima inocente [...]

RESUMEN N° 4  DE LAS INSTRUCCIONES A SUS DIPUTADOS

Para garantizar la libertad de todos los ciudadanos, de manera que los proteja de cualquier acto de autoridad arbitraria, y para asegurar sus bienes muebles o inmuebles, en cualquier mano que puedan descansar, ya sea que sean propiedad de individuos o que sean propiedad de organismos seculares o eclesiásticos, seculares o regulares, de cualquier fuente de donde provengan, adquisiciones, intercambios, fundaciones, donaciones o cualquier otro medio autorizado por las leyes: todas estas propiedades tienen el mismo derecho a la protección del gobierno; todos son igualmente sagrados, y ninguno puede comenzar, disminuir o eliminarse, incluso para las necesidades del Estado y para el bien público, a menos que el propietario sea compensado de inmediato y en su totalidad, d 'después de que los expertos dicen.

## CUADERNO DE QUEJAS D'ANGOUMOIS - SAINT-MÊME-LES-CARRIÈRES

Que los Estados Generales examinen de cerca todas las pensiones otorgadas por el Tesoro, ya sea a los ministros retirados o a cualquier otra persona que esté vestida con la espada y los financieros, para eliminar a todos los que se han sorprendido sin ser bien merecidos.

Que en el futuro no se pagará nada más que los que podrían otorgarse con el consentimiento de los Estados Generales.

**Artículo 3.- El principio de toda soberanía reside esencialmente en la nación. Ningún cuerpo ni ningún individuo pueden ejercer autoridad alguna que no emane expresamente de ella.**

CUADERNO DE QUEJAS DE LA BAILÍA DE NANCY

INSTRUCCIONES A SUS DIPUTADOS

Se reconocerá solamente que la Nación es la única que tiene derecho a crear impuestos, es decir, a conceder o rehusar subsidios y reglamentar cuál será su montante, su uso y reparto y su duración

CAHIERS DE DOLÉANCES D'ANGOUMOIS – COGNAC

INSTRUCCIONES A SUS DIPUTADOS

confirmación del derecho de la nación a ser gravado solo con su consentimiento.

# REFORMAS CONSTITUCIONALES y PARTIDOS POLÍTICOS DE SEGUNDA GENERACIÓN

CUADERNO QUEJAS DEL CLERO DE LA PROVINCIA D'ANGOUMOIS

## INSTRUCCIONES A SUS DIPUTADOS

Que todos los impuestos actualmente existentes, bajo cualquier denominación, que no hayan sido acordados por la nación, que solo tiene el derecho inviable, se extinguirán en la apertura de los Estados Generales, para ser recreados de inmediato por ella.

CUADERNO DE QUEJAS DE LA ORDEN DE LA NOBLEZA DE LA ROCHELLE

## PREÁMBULO DE LAS INSTRUCCIONES A SUS DIPUTADOS

[…] Hay una segunda verdad registrada en nuestro contrato social y grabada en todos los monumentos de nuestra historia, es que no se puede ejecutar ninguna ley fiscal si no ha sido previamente acordada por los contribuyentes legalmente convocados y reunidos […]

## INSTRUCCIÓN N° 1 A SUS DIPUTADOS

Declarar que la nación no puede ser gravada sin su consentimiento; que este consentimiento es absolutamente necesario y que nada puede reemplazarlo. Que los impuestos y las contribuciones públicas nunca pueden ser deliberados y otorgados hasta después de todos los actos legislativos, todos los artículos de la constitución nacional han sido decididos por los Estados Generales […]


INSTRUCCIÓN N° 4 A SUS DIPUTADOS

La orden solicita que la nación declare nulo cualquier préstamo que pueda hacerse después sin el consentimiento formal de los Estados Generales.

Que los Estados Generales voten todas las sumas que serán necesarias para […] la distribución de gracias y pensiones, para el mantenimiento de un gran imperio y […] para prevenir los males que podrían producir en el futuro la mala conducta o la incapacidad de los ministros, quienes serán responsables de su gestión con la nación, por publicidad de la tabla y cuenta general y detallada de las finanzas, recibos y gastos de sus departamentos, al final de cada año.


**Artículo 4.- La libertad consiste en poder hacer todo lo que no perjudique a los demás. Por ello, el ejercicio de los derechos naturales de cada hombre tan sólo tiene como límites los que garantizan a los demás miembros de la sociedad el goce de estos**

**mismos derechos. Tales límites tan sólo pueden ser determinados por la ley.**

LIBRO DE QUEJAS DE LA ORDEN DEL CLERO DE LA PROVINCIA DE ANGOUMOIS

INSTRUCCIONES A SUS DIPUTADOS

ARTÍCULO 5

La libertad individual de los ciudadanos estará garantizada por una ley irrevocable.

**Artículo 5.- La ley sólo tiene derecho a prohibir los actos perjudiciales para la sociedad. Nada que no esté prohibido por la ley puede ser impedido, y nadie puede ser obligado a hacer algo que ésta no ordene.**

PODERES DE LA NOBLEZA DEL SENESCAL DE SAINTONGE A SUS DIPUTADOS EN LOS FUTUROS ESTADOS GENERALES.

El propósito de las leyes penales solo debe ser servir de ejemplo y frenar a los hombres a quienes sus malas inclinaciones pueden causar daño a sus semejantes, y la libertad y la vida de un ciudadano, aunque acusado, es infinitamente más valioso para En la sociedad que el castigo de un convicto convicto no es rentable para él, nuestros diputados pedirán una nueva orden penal que pueda garantizar a los ciudadanos los errores y la injusticia de los juicios. Sobre todo, insistirán en que cada hombre acusado de un delito tenga un defensor; que el procedimiento sea público, los juicios razonados y que la pena de muerte se reserve para el asesinato u otro delito equivalente; finalmente, tomarán en consideración las ventajas invaluables del método del jurado, que una vez conocieron nuestros antepasados; y para lograr esta reforma, tan importante como sea necesario,

**Artículo 6.- La ley es la expresión de la voluntad general. Todos los ciudadanos tienen derecho a contribuir a su elaboración, personalmente o a través de sus representantes. Debe ser la misma para todos, tanto para proteger como para sancionar. Además, puesto que todos los ciudadanos son iguales ante la ley, todos ellos pueden presentarse y ser elegidos para cualquier dignidad,**

**cargo o empleo públicos, según sus capacidades y**

**sin otra distinción que la de sus virtudes y aptitudes.**

## IGUALDAD ANTE LA LEY Y OCUPACIÓN DE CARGOS

## PÚBLICOS

CUADERNO DE QUEJAS DEL TERCER ESTADO DE LA VILLA DE CHALAIS

INSTRUCCIONES A SUS DIPUTADOS

Que los rangos, cargos públicos, honores nunca deben otorgarse excepto a las virtudes y habilidades, sin distinción de órdenes. Todos pronto habrían adquirido la habilidad de hacerse útiles y de merecer cada uno la precedencia de su orden y rango.

CUADERNO DE QUEJAS DE LA PARROQUIA DE PEUMERIT

INSTRUCCIONES A SUS DIPUTADOS

Que los plebeyos puedan ser admitidos a ocupar cualquier civil o militar, teniendo en cuenta el mérito antes que el nacimiento.

CUADERNO DE QUEJAS DE LOS CAMPESINOS DE GUYANCOURT

INSTRUCCIONES A SUS DIPUTADOS

Que haya una única ley para todo el Reino.


CUADERNO QUEJAS DEL TERCER ESTADO DEL SENESCAL DE SAINTONGE - SAINTES

INSTRUCCIONES A SUS DIPUTADOS

Que se deroguen las leyes que obligan a los protestantes a obtener permiso para vender sus edificios


CUADERNO QUEJAS DEL TERCER ESTADO D'AUNIS - LA ROCHELLE

INSTRUCCIONES A SUS DIPUTADOS

(Los diputados) buscarán una nueva constitución para que los municipios, los funcionarios municipales, que representan a todos los ciudadanos, sean elegidos libremente por los ciudadanos de todas las clases.

# REFORMAS CONSTITUCIONALES y PARTIDOS POLÍTICOS DE SEGUNDA GENERACIÓN
## PARTICIPACIÓN EN LA ELABORACIÓN DE LA LEY

CUADERNO QUEJAS DE LA BAILIA DE ORLEÁNS

INSTRUCCIONES A SUS DIPUTADOS

Los diputados llevaran a la Asamblea General de los Estados los ruegos del Clero de esta bailía:

Para la extinción de la venalidad de los cargos de judicatura cuando el estado de las finanzas reales lo haga posible.

Para la reducción de los diferentes pesos y medidas que existen en el reino a una sola medida y a un solo peso.

Para la inviolabilidad absoluta del sello de las cartas confiadas a la oficina de correos.

Para el alivio de los impuestos.

Podrán los dichos diputados consentir en lo sucesivo que todo impuesto distintivo entre los órdenes sea abolido; que todo subsidio, contribución y cargo público sea igualmente repartido entre las diversas clases de ciudadanos en función de sus propiedades; y que no haya excepciones de privilegios ni pecuniarias en el Estado.

# REFORMAS CONSTITUCIONALES y PARTIDOS POLÍTICOS DE SEGUNDA GENERACIÓN
## INSTRUCCIONES Y CONFIANZA EN LOS DIPUTADOS

CUADERNO DE QUEJAS DE LA NOBLEZA DE LA BAILÍA DE AMONT

INSTRUCCIONES A SUS DIPUTADOS

Los diputados solicitarán el reconocimiento de los derechos y privilegios de la provincia, tales como fueron establecidos por Luis XIV en el momento de su conquista, estando autorizados los dichos diputados a sacrificar aquellos privilegios que parezcan irreconciliables con el bien general del Estado, pero con las indemnizaciones pertinentes.

Otras posibles peticiones, reclamaciones y amonestaciones que pudiera hacer la nobleza de la bailía de Amont, quedarán encomendadas a la rectitud, al celo y a la prudencia de sus candidatos...


CUADERNO QUEJAS D'ANGOUMOIS - SAINT-MÊME-LES-CARRIÈRES

Además, declaran a los habitantes que se refieran a la prudencia de los Diputados que serán nombrados para esta provincia a los Estados Generales para hacer, en concierto con los representantes de la Nación, todos los cambios en la administración que consideren útiles para la felicidad de los 'Estado y esta provincia en particular.

**Artículo 7.- Ningún hombre puede ser acusado, arrestado o detenido, salvo en los casos determinados por la ley y en la forma determinada por ella. Quienes soliciten, cursen, ejecuten o hagan ejecutar órdenes arbitrarias deben ser castigados; con todo, cualquier ciudadano que sea requerido o aprehendido en virtud de la ley debe obedecer de inmediato, y es culpable si opone resistencia.**

## DERECHO A LA LIBERTAD PERSONAL Y AL DEBIDO PROCESO

CUADERNO QUEJAS DEL CLERO DE LA BAILIA DE ORLEÁNS

INSTRUCCIONES A SUS DIPUTADOS

Que la libertad  personal de los ciudadanos sea defendida de los atentados a los que se encuentra expuesta por el uso arbitrario de las Lettres de Cachet.

# REFORMAS CONSTITUCIONALES y PARTIDOS POLÍTICOS DE SEGUNDA GENERACIÓN

## PODERES DE LA NOBLEZA DEL SENESCAL DE SAINTONGE A SUS DIPUTADOS EN LOS FUTUROS ESTADOS GENERALES

### LA JUSTICIA

Instamos a nuestros parlamentarios a solicitar que la administración de justicia civil sea reformada por los abusos que se han infiltrado en ella. No entraremos en esta larga lista aquí. Nos contentamos con insistir en que la justicia se acerque al litigante, que el uso de comisiones y evocaciones extraordinarias sea completamente abolido, a menos que todas las partes interesadas en el caso lo soliciten para ser juzgado. Que los derechos de comisión se deroguen para siempre, que los tribunales estén obligados a exponer los motivos de sus sentencias, y todos los jueces estén obligados a publicar en la puerta del palacio la lista de casos que deben llamarse dentro de un mes.

## CUADERNO DE QUEJAS DE LA ORDEN DE LA NOBLEZA DE LA ROCHELLE

### INSTRUCCIÓN N° 22 A SUS DIPUTADOS

La orden [...] desea que ningún francés pueda ser arrestado por orden del gobierno, siempre y cuando, veinticuatro horas después, sea entregado a manos de jueces ordinarios, quienes lo juzgarán de acuerdo con las leyes del reino.

# REFORMAS CONSTITUCIONALES y PARTIDOS POLÍTICOS DE SEGUNDA GENERACIÓN

CAHIERS DE DOLÉANCES D'ANGOUMOIS - CLERGÉ DE LA PROVINCE

INSTRUCCIONES A SUS DIPUTADOS

La libertad individual de los ciudadanos estará garantizada por una ley irrevocable.


CUADERNO DE QUEJAS DE LOS CAMPESINOS DE GUYANCOURT

INSTRUCCIONES A SUS DIPUTADOS

Que se aplique la justicia más rápidamente y con menos parcialidad.


CUADERNO QUEJAS D'ANGOUMOIS - CONFOLENS (DISTRICT)

INSTRUCCIONES A SUS DIPUTADOS

Un nuevo código civil, penal y policial.

Supresión de las letras del sello y libertad de prensa.

# REFORMAS CONSTITUCIONALES y PARTIDOS POLÍTICOS DE SEGUNDA GENERACIÓN

## CUADERNO DE QUEJAS DE LA ORDEN DE LA NOBLEZA DE LA ROCHELLE

### INSTRUCCIÓN N° 14 A LOS DIPUTADOS

La orden solicita que tomemos los medios más rápidos para reformar el Código Penal; que en espera de esta útil reforma, el abogado y un defensor deberían ser otorgados provisionalmente al acusado, quien lo obtendría en asuntos civiles; que la investigación sea pública, que todos los juicios sean razonados; finalmente que las ventajas o desventajas de la forma actual son demostradas por la experiencia.

## CUADERNO DE QUEJAS DEL TERCER ESTADO DE LA CIUDAD DE LA ROCHELLE

### INSTRUCCIÓN N° 39 A LOS DIPUTADOS

Los diputados pedirán, como uno de los objetos más importantes para la felicidad del público, la revisión de la orden penal y la derogación de sus disposiciones en varios casos, y en particular que el juez ya no tenga permitido proceder a la interrogatorios y otros actos de investigación sino con la asistencia de otros dos jueces; que solo puede emitir un decreto sobre la toma de un cuerpo y un aplazamiento personal solo en la opinión de los oficiales del asiento; finalmente, se debe dar ese consejo al acusado en todos los asuntos y desde el comienzo de la investigación.

LIBRO DE QUEJAS Y PETICIONES DEL TERCER ESTADO DEL
BAILÍA DE ROCHEFORT

LEGISLACIÓN Y JUSTICIA

Solicitar que se elabore un nuevo Código Civil, que el Código Penal sea reformado y promulgado por la humanidad; que todos los acusados tienen la libertad de elegir un defensor; que su juicio sea declarado y juzgado públicamente, y la sentencia y el juicio final, razonados, publicados.

Que no hay distinción en el género de las penas para ningún individuo de ningún tipo: que cualquier sentencia que lleve la pena de muerte, una sentencia aflictiva o infame, solo puede pasar por dos tercios de los votos; que, además, en el informe judicial, se debe otorgar una compensación a cualquier acusado declarado inocente.

**Artículo 8.- La ley sólo debe establecer penas estricta y evidentemente necesarias, y tan sólo se puede ser castigado en virtud de una ley establecida y promulgada con anterioridad al delito, y aplicada legalmente.**

# REFORMAS CONSTITUCIONALES y PARTIDOS POLÍTICOS DE SEGUNDA GENERACIÓN

CUADERNO DE QUEJAS DEL TERCER ESTADO DE LA ROCHELLE

INSTRUCCIÓN N° 54 A SUS DIPUTADOS

Los pueblos sufren tanto por el yugo del prejuicio como por los vicios de los gobiernos. Los diputados solicitarán con el celo más sostenido que los Estados Generales deliberen sobre la injusticia del prejuicio de las penas infames; Representarán que esta opinión fatal, contraria a todas las ideas de orden y razón, no es conciliadora con las luces y la humanidad que distinguen a la nación francesa, e insistirán en que los Estados Generales hagan justicia y su sabiduría a favor de las desafortunadas víctimas de este terrible prejuicio.

CUADERNO QUE CONTIENE EL VOTO DE LA COMUNIDAD DE LA PARROQUIA DE SAN PIERRE DE BRIE BAJO MATHA

INSTRUCCIÓN N° 31 A SUS DIPUTADOS

Que para aligerar la enorme carga de los procedimientos, cuyo derecho se pierde en el laberinto de las disputas, que se opere en la redacción de un código civil y penal de una manera tan precisa y tan clara que es fácil para cualquier ciudadano conocer sus derechos y deberes allí.

**Artículo 9.- Puesto que cualquier hombre se considera inocente hasta no ser declarado culpable, si se juzga indispensable detenerlo, cualquier rigor que no sea necesario para apoderarse de su persona debe ser severamente reprimido por la ley.**

CUADERNOS DE QUEJAS DE SAINTONGE - SAINTES - TIERS-ÉTAT DE LA SÉNÉCHAUSSÉE

INSTRUCCIONES A SUS DIPUTADOS

También exigimos […]

La abolición de la tortura previa.

El establecimiento de una proporción justa y razonable de delitos y sanciones.

La opción para los habitantes del campo de apelar ante el juez local o ante una jurisdicción real superior […]

DE LAS LETTRES DE CACHET (LETRAS DE SELLO)

¡Qué injusticias repugnantes nos han resultado en captura ilegal y detención arbitraria! Cuántos maridos arrancados de sus esposas, padres de sus familias, personas inocentes de sus hogares, ciudadanos a sus amigos: comenzamos por violar nuestras propiedades, pronto forzamos a nuestros asilos a poner a nuestra gente a merced de ministros vengativos o subordinados más a menudo.

El clamor, contra tales abusos perniciosos, es universal e instamos firmemente a la abolición completa.

Pedimos, Señor, que cada individuo sea juzgado formalmente y por jueces ordinarios.

LIBRO DE QUEJAS Y PETICIONES DEL TERCER ESTADO DEL BAILÍA DE ROCHEFORT

CONSTITUCIÓN

INSTRUCCIÓN N° 7  A  SUS DIPUTADOS

Que las letras del sello se eliminen por completo; que se otorgue la libertad individual de los ciudadanos de todas las clases; que cualquier hombre arrestado o encarcelado sea entregado inmediatamente a sus jueces naturales.

CUADERNO QUEJAS DEL TERCER ESTADO DE LA CIUDAD DE ROCHELLE

## REFORMAS CONSTITUCIONALES y PARTIDOS POLÍTICOS DE SEGUNDA GENERACIÓN

INSTRUCCIÓN N° 5 A SUS DIPUTADOS

Los diputados insistirán firmemente, y sin poder apartarse de sus demandas, para que cada ciudadano tenga libertad civil y que las Letras de Sello (Lettres de Cachet) sean abolidas para siempre.

CUADERNO DE QUEJAS DEL CUERPO DE LA ADMINISTRACIÓN DE LA MARINA

INSTRUCCIONES A LOS DIPUTADOS

Que se deroguen las Lettres de Cachet

**Artículo 10.- Nadie debe ser incomodado por sus opiniones, inclusive religiosas, siempre y cuando su manifestación no perturbe el orden público establecido por la Ley.**

CUADERNO DE QUEJAS DE LA ORDEN DE LA NOBLEZA DE LA ROCHELLE

INSTRUCCIÓN N° 12 A SUS DIPUTADOS

Francia puede recordar que la diferencia en las opiniones religiosas no puso obstáculos al talento y al patriotismo; que una religión extranjera le ha proporcionado varios hombres famosos, desde el gran Sully hasta la época de un ministro que, por sus luces, sus virtudes y su coraje, secundó con un brillo por encima de nuestras alabanzas.

CUADERNO DE QUEJAS DEL TERCER ESTADO DE LA ROCHELLE

INSTRUCCIÓN N° 84

La tolerancia universal debe ser admitida en una nación ilustrada, los diputados deberán solicitarla, así como la restitución de la propiedad de los prófugos por razones de religión [54].

También se le pedirá al Rey que otorgue a los oficiales no católicos franceses la cruz del mérito militar, adjuntando para obtener esta recompensa las mismas regulaciones que se observan para los oficiales católicos franceses que obtienen la cruz de la orden de Saint- Louis.

**Artículo 11.- La libre comunicación de pensamientos y opiniones es uno de los derechos más valiosos del hombre; por consiguiente, cualquier ciudadano puede hablar, escribir e imprimir libremente, siempre**

**y cuando responda del abuso de esta libertad en los**

**casos determinados por la Ley.**

## LIBERTAD DE PRENSA Y RESPONSABILIDAD DE LEY

CUADERNO QUEJAS D'ANGOUMOIS – JARNAC

INSTRUCCIONES A SUS DIPUTADOS

Exigimos la libertad de prensa como el único freno que se puede poner en los abusos emergentes, pero sujeto a las restricciones razonables que la comisión designada a tal efecto por los Estados Generales le aplicará.

CUADERNO DE QUEJAS DEL TERCER ESTADO DE LA BAILÍA DE NANCY

INSTRUCCIONES A SUS DIPUTADOS

Que se establezca la libertad de prensa y que se pueda, sin necesidad de censura previa ni permiso, imprimir y hacer imprimir toda clase de escritos, salvo la obligación del impresor y del autor de hacer constar sus nombres al pie de sus escritos y el riesgo de ser castigados según exigiere el caso, si el impreso incluyera cosas contrarias a la Religión, a las costumbres y al buen orden y al honor de las familias.

CUADERNO QUEJAS DEL CLERO DE LA PROVINCIA D'ANGOUMOIS

INSTRUCCIONES A SUS DIPUTADOS

El orden del clero no se opone a la libertad de prensa, siempre que se modifique, que los escritos no sean anónimos, y que la impresión de libros obscenos y contrarios a los dogmas de fe y principios de gobierno, de los cuales cada impresor será responsable en su propio nombre privado.

CUADERNO DE QUEJAS DEL TERCER ESTADO DE LA CIUDAD DE LA ROCHELLE

INSTRUCCIÓN N° 58 A LOS DIPUTADOS

La libertad de prensa indefinida es el primer atributo de una nación libre y la protección de la libertad pública será exigida por los diputados.

LIBRO DE QUEJAS Y PETICIONES DEL TERCER ESTADO DEL BAILÍA DE ROCHEFORT

# REFORMAS CONSTITUCIONALES y PARTIDOS POLÍTICOS DE SEGUNDA GENERACIÓN

POLICÍA  CIVIL

(Nuestros diputados deben) Solicitar libertad de prensa; excepto autores e impresores para responder a material objetable.


## PODERES E INSTRUCCIONES DE LA NOBLEZA DEL SENESCAL DE SANTOIGNE A SUS DIPUTADOS EN LOS FUTUROS ESTADOS GENERALES

Sobre la libertad: creemos que ningún poder tiene el derecho de privarnos de la propiedad de nuestro pensamiento; que cada ciudadano debe tener el poder de decir e imprimir lo que piensa, que todas las cartas confiadas al correo son un depósito sagrado cuyos infractores deben ser declarados para siempre infames; que la prensa debería disfrutar de la mayor libertad posible como una cuestión de derecho natural; que la ley que establecerá esta libertad determinará los crímenes a los que puede dar lugar y ordenará a los impresores que pongan su nombre en la parte inferior de las obras fuera de su imprenta, para que estos crímenes que lleguen puedan ser procesados, excepto con ellos para declarar el autor.

PODERES DE LA NOBLEZA DEL SENESCAL DE SAN JUAN DE

ANGÉLY A SU DIPUTADO

La voluntad del orden de la nobleza del senescal de San Juan de Angély

es que su diputado proponga a los Estados Generales que se encarguen

de la redacción de una ley que establezca la libertad legítima de prensa.

**Artículo 12.- La garantía de los derechos del Hombre**

**y del Ciudadano necesita de una fuerza pública; por**

**ello, esta fuerza es instituida en beneficio de todos y**

**no para el provecho particular de aquéllos a quienes**

**se encomienda.**

CUADERNO QUEJAS CAHIERS D'ANGOUMOIS – JARNAC

INSTRUCCIONES A SUS DIPUTADOS

La ciudad de Jarnac expone que varios ministros codiciosos abrieron el

depósito sagrado del tesoro real a aquellos de quienes esperaban apoyo y

protección, o que hicieron el fondo donde sacaron el pago de sus deudas,

donde sentaron las bases de su excesivo fortuna que, en consecuencia,

sería esencial que todos aquellos que se emplearán en la gestión de las finanzas del Estado, informen a los Estados Generales sobre el ejercicio de sus funciones.

**Artículo 13.- Para el mantenimiento de la fuerza pública y para los gastos de administración, resulta indispensable una contribución común, la cual debe repartirse equitativamente entre los ciudadanos, de acuerdo con sus capacidades.**

CUADERNO QUEJAS DU DISTRICT DE CONFOLENS

INSTRUCCIONES A SUS DIPUTADOS

el establecimiento de un fondo nacional separado del tesoro real, en el cual se pagarán todas las sumas necesarias para las necesidades del Estado.

El manejo de esta casilla se confiará a una comisión designada por los Estados Generales, a la que informará sobre su gestión.

CUADERNO QUEJAS DEL CLERO DE LA PROVINCIA

D'ANGOUMOIS

INSTRUCCIONES A SUS DIPUTADOS

la orden del clero de dicho Sénéchaussée luego consiente en consolidar

la deuda nacional previamente examinada y reconocida, para contribuir,

como todos los demás ciudadanos, a compensar el déficit, rigurosamente

demostrado, por el establecimiento de impuestos que se considerará

necesario, pero que permanecerá eliminado y extinguido en el momento

fijado por la próxima asamblea de los Estados Generales; y, renunciando

a todos los privilegios que son solo pecuniarios, todos los impuestos se

distribuirán equitativamente a todas las clases de ciudadanos de manera

indiscriminada debido a sus propiedades territoriales, buena voluntad e

industria.

PARROQUIA DEL ARS - ILE DE RÉ – TERCER ESTADO

INSTRUCCIÓN N°4 A LOS DIPUTADOS

[…] Que el impuesto debe distribuirse equitativamente en todos los

súbditos del Rey, en proporción a su fortuna, sin considerar ni su

condición ni el orden al que pertenecen. ¿Quién es el rico honesto y bien

pensado que no sacaría de su bolsillo qué pagar la contribución de un

hombre desafortunado junto a él que, a pesar de su doloroso e insuficiente trabajo para cultivar nuestros campos, preparar, fabricar y proporcionarnos todo? Satisface nuestras necesidades, nuestras comodidades y nuestros placeres, a menudo solo puede proporcionar a expensas de sus necesidades y las de su familia.

Por estos mismos principios, creemos que los privilegios de la inmunidad del impuesto deben considerarse como una infracción del derecho natural, el de la igualdad.

**Artículo 14.- Todos los Ciudadanos tienen el derecho de comprobar, por sí mismos o a través de sus representantes, la necesidad de la contribución pública, de aceptarla libremente, de vigilar su empleo y de determinar su prorrata, su base, su recaudación y su duración.**

CUADERNO DE QUEJAS DE LA ORDEN DE LA NOBLEZA DE LA ROCHELLE

INSTRUCCIONES A SUS DIPUTADOS

SOLICITUDES GENERALES

## REFORMAS CONSTITUCIONALES y PARTIDOS POLÍTICOS DE SEGUNDA GENERACIÓN

1. Declarar que la nación no puede ser gravada sin su consentimiento; que este consentimiento es absolutamente necesario y que nada puede reemplazarlo. Que los impuestos y las contribuciones públicas nunca pueden ser deliberados y otorgados hasta después de todos los actos legislativos, todos los artículos de la constitución nacional han sido decididos por los Estados Generales y sancionados por el Rey.

2. Que el plazo de los impuestos y cualquier contribución se fije en cinco años, y que bajo ningún pretexto se extenderá más allá sin una nueva asamblea de los Estados Generales. Estos le rogarán a Su Majestad que sea lo suficientemente bueno como para regular su periodicidad también, y que considere esta periodicidad como constitucional.

3. Que los Estados Generales verifiquen y establezcan el monto de la deuda pública; Una de las primeras ocupaciones de la asamblea es consolidar esta deuda; que garanticen en nombre de la nación que las rentas, los intereses y los atrasos de la deuda así reconocida, así como los reembolsos estipulados en un plazo fijo, se pagarán puntualmente en adelante el mismo día de cada fecha de vencimiento, sin eso, sin ninguna razón, o bajo ninguna circunstancia, puede haber una demora en el pago.

4. La orden solicita que la nación declare nulo cualquier préstamo que pueda hacerse después sin el consentimiento formal de los Estados Generales.

## Artículo 15.- La Sociedad tiene derecho a pedir cuentas de su gestión a cualquier Agente público.

CUADERNOS DE QUEJAS DEL TERCER ESTADO DEL SENESCAL DE SAINTONGE - SAINTES

INSTRUCCIONES A SUS DIPUTADOS

para ordenar que sus ministros sean responsables de su administración y estén obligados a hacerlo público, cada año en diciembre, a modo de impresión adjuntando a su cuenta una declaración de los documentos de respaldo, para que los Estados Provinciales a los que Se enviarán copias, pueden discutirlas, si es necesario.

CUADERNO QUEJAS DEL TERCER ESTADO DE LA CIUDAD DE ROCHELLE

INSTRUCCIÓN N° 6 A SUS DIPUTADOS

Los diputados […] solicitarán que los ministros sean responsables de su administración y estén sujetos a los Estados Generales, a pesar de cualquier mención.

Insistirán en que las cuentas de la administración se publiquen cada año a modo de impresión, y que esta publicidad también se extienda a la administración de cada estado provincial.

CUADERNO QUEJAS    DEL CLERO DE LA PROVINCIA D'ANGOUMOIS

INSTRUCCIONES A SUS DIPUTADOS

En el futuro, los ministros serán responsables de su gestión de la nación reunida, y será deliberado por los Estados actuales en un tribunal competente para juzgarlos, en caso de prevaricación.

**Artículo 16.- Una Sociedad en la que no esté establecida la garantía de los Derechos, ni determinada la separación de los Poderes, carece de Constitución.**

# REFORMAS CONSTITUCIONALES y PARTIDOS POLÍTICOS DE SEGUNDA GENERACIÓN

## CUADERNO DE QUEJAS DE LA ORDEN DE LA NOBLEZA DE LA ROCHELLE

### PREÁMBULO DE LAS INSRUCCIONES A SUS DIPUTADOS

[…] Los que existen entre nosotros son de tres tipos: el primero de constitución y policía, el otro fiscal y relacionado con el impuesto, el último de administración simple, es decir necesario, para la ejecución del primero, y esto es lo que se llama poder ejecutivo entre nosotros.

El principio fundamental de la monarquía es que las leyes constitutivas son el resultado del consentimiento del pueblo y el apoyo de la voluntad del Rey: [Lex hizo consensu populu et constitutione regis.] […]Las leyes administrativas pertenecen al ejecutivo, y hemos puesto ese poder en manos del monarca. Estas leyes solo deben ser la ejecución de las primeras y la expresión de la voluntad general. Estas leyes son promulgadas por el príncipe, y su ejecución se confía a los tribunales y magistrados, quienes pronuncian que tal es la disposición de la ley relacionada con tal circunstancia.

Pero para que los magistrados sean el órgano fiel de las leyes, deben depender solo de ellos; ser castigado o recompensado solo por ellos; deben tener el depósito de leyes, sin poder someterlas a ninguna interpretación[…]

INSTRUCCIONES DEL CLERO DE LAPROVINCIA DE

ANGOUMOIS A SUS DIPUTADOS

## SEPARACIÓN DE FUNCIONES

Se regirá, por una ley específica, que la misma, nadie puede combinar la

oficina de juez, fiscal y notario, lo cual es un abuso en los tribunales

señoriales, pero solo una de estas tres funciones.

**Artículo 17.- Por ser la propiedad un derecho**

**inviolable y sagrado, nadie puede ser privado de ella,**

**salvo cuando la necesidad pública, legalmente**

**comprobada, lo exija de modo evidente, y con la**

**condición de haya una justa y previa indemnización.**

## PROPIEDAD PRIVADA  E INDEMNIZACIÓN

CUADERNO DE QUEJAS DE LOS CAMPESINOS DE

GUYANCOURT

INSTRUCCIONES A SUS DIPUTADOS

Que los derechos de las propiedades sean sagrados e inviolables.

CUADERNO QUEJAS DE LA NOBLEZA DE LA BAILÍA DE AMONT

INSTRUCCIONES A SUS DIPUTADOS

Todos los órdenes están unánimemente convencidos del respeto debido a la propiedad. La Nobleza no tiene la intención, de ninguna manera, de despojarse de sus derechos señoriales, honoríficos o útiles, tales como la alta, media y baja justicia, derechos de caza, pesca, manos muertas, talla, corveés, laudemio, censos, diezmos, comisos, embargos de bienes, derecho de

retracto, consentimiento y otros que puedan existir, consintiendo la Nobleza, no obstante, por el honor del nombre francés, al abandono de la mano muerta personal; igualmente aquellos derechos antedichos que la sabiduría y prudencia de los Estados generales estimen demasiado onerosos en su forma actual podrían ser redimidos por quienes lo soportan, mediante una indemnización convenida de buen grado entre ambas partes, entendiendo la Nobleza que el rescate de dichos derechos no podrá realizarse parcialmente en un mismo feudo sin el consentimiento del señor.

Los diputados solicitarán el reconocimiento de los derechos y privilegios de la provincia, tales como fueron establecidos por Luis XIV en el momento de su conquista, estando autorizados los dichos diputados a sacrificar aquellos privilegios que parezcan irreconciliables con el bien general del Estado, pero con las indemnizaciones pertinentes.

## DETALLES ADICIONALES DE LOS CUADERNOS DE REPRESENTACIÓN DEL PUEBLO FRANCÉS

Detalles adicionales que la Declaración de Derechos del Hombre y del Ciudadano no logró considerar:

### INVIOLABILIDAD DE LAS COMUNICACIONES PRIVADAS

CUADERNO DE QUEJAS DE LA ORDEN DE LA NOBLEZA DE LA ROCHELLE

INSTRUCCIÓN 23 ° A SUS DIPUTADOS

La orden requiere que todas las cartas y escritos de confianza sean, en las oficinas de correos, un depósito sagrado e inviolable; que cualquier inquisición que tiende a dañar lo más mínimo, directo o indirecto, a este depósito sea abolida para siempre […]

## REPRESENTACIÓN SEGMENTADA

CUADERNO QUEJAS CAHIER DU DISTRICT DE CONFOLENS, TERCER ESTADO

INSTRUCCIONES A SUS DIPUTADOS

Los clérigos, nobles, financieros privilegiados y agentes de la administración actual no pueden ser diputados del Tercer Estado ante los Estados Generales.

PARROQUIA DEL ARS - ILE DE RÉ – TERCER ESTADO

INSTRUCCIÓN N°2 A LOS DIPUTADOS

que no se tome a ningún diputado, excepto en el orden al que pertenece. Si bien la libre elección que se haría de un diputado, para representar un orden diferente al que está apegado, justifica suficientemente la rectitud de los sentimientos que generalmente conocería a él, en qué ansiedad, en qué vergüenza no encontraría un similar diputado, si en la discusión de los objetos sobre los cuales cada orden podría tener una opinión diferente (que esperamos y deseamos no ver), estaba agitado por la ley contradictoria, que él creería que se le podría imponer, por la confianza de uno y su apego al otro. El hombre recto y honesto sabe escuchar solo el grito de su corazón y de su justicia, pero por eminente que sea el grado de estas virtudes en él, ¿puede él como hombre estar absolutamente por encima de estas pequeñas consideraciones, de estas pequeñas luchas internas contra la imparcialidad? ¿Por qué incluso entregar a estas personas? ¿Por qué exponerlas a sospechas injustas, difíciles de evitar en tales circunstancias, cuando cada orden está llena de individuos capaces de merecer la confianza de la persona a la que está vinculada? Por lo tanto, creemos que la justicia y el buen orden prescriben para [...] que cada Diputado solo puede ser elegido en el orden al que pertenece.

## RECURSO DE APELACIÓN, PUBLICIDAD Y PLURALIDAD DE INSTANCIAS

CUADERNO DE QUEJAS DEL CUERPO DE LA ADMINISTRACIÓN DE LA MARINA DEL DEPARTAMENTO DE ROCHEFORT

INSTRUCCIONES A SUS DIPUTADOS

Que cualquier sentencia a muerte, apenas aflictiva e infame, pronunciada por las torres de los parlamentos y otros tribunales soberanos, sea revisada por la Gran Sala de estos tribunales, para ser confirmada o aniquilada por la pluralidad, al menos, de dos tercios de voz.

Que en el caso de que dicha sentencia sea confirmada por dicha Gran Sala, la sentencia que intervendrá será motivada, exhibida y publicada[…]

Que los casos que conciernen a individuos vinculados a diferentes organismos o corporaciones y acusados de haber incumplido los deberes de su estado, sean examinados y juzgados por un número igual de sus pares y jueces ordinarios. Que todas las denuncias civiles, penales, todas, todas las acusaciones sean llevadas ante los jueces competentes

## DEMOCRACIA Y PROHIBICIÓN DE LA VENALIDAD DE LOS CARGOS PÚBLICOS

CUADERNO DE QUEJAS DEL CUERPO DE LA ADMINISTRACIÓN DE LA MARINA DEL DEPARTAMENTO DE ROCHEFORT

INSTRUCCIONES A LOS DIPUTADOS

Que los cargos municipales no pueden ser venales, que las comunas tienen el derecho de elegir y proponer [...] sus oficiales; que un primer auxilio de los Estados Generales es ocuparse de la supresión de las oficinas compradas y proporcionar medios de reembolso a los titulares; que para todos los objetos importantes, como el nombramiento de oficiales, la rendición de cuentas, los aumentos en las subvenciones, etc., las comunas están reunidas, y que las deliberaciones tomadas por ellas están firmadas por todos los representantes de las diferentes clases de ciudadanos que integran la asamblea

CUADERNO DE QUEJAS DEL TERCER ESTADO DE LA ROCHELLE

INSTRUCCIÓN N° 45 A SUS DIPUTADOS

La venalidad de los cargos y los abusos resultantes de los mismos serán denunciados en los Estados Generales, como lo han sido en todas las asambleas de la nación desde François I, y los diputados propondrán deliberar sobre los medios para reembolsar las oficinas y restaurando así la justicia al brillo y la pureza que debe tener

CUADERNO DE QUEJAS DEL CLERO DEL SENESCAL DE SAINTONGE

INSTRUCCIONES A SUS DIPUTADOS

La venalidad de las oficinas judiciales siempre ha suscitado las quejas más fuertes; varios Estados Generales han solicitado su eliminación. Todavía existe hoy un grito universal que exige que se prohíba este uso.

Todavía nos quejamos de que la justicia es demasiado lenta, demasiado costosa, que el procedimiento es demasiado complicado y, por lo tanto, ruinoso. Si la justicia no puede ser absolutamente gratuita, al menos los costos deben ser tan moderados que las familias no sean aplastadas.

Hay quejas de que los jueces se reciben con demasiada facilidad en los tribunales. Un joven compra un cargo; y pronto, sin estudios preliminares, sin conocimiento, a menudo sin talento, decide sobre el honor y la fortuna de los ciudadanos; y luego su vida.

PODERES DEL TERCER ESTADO DEL SENESCAL DE SANTOIGNE A SUS DIPUTADOS

## ADMINISTRACIÓN DE LA JUSTICIA CIVIL

Que la distribución de la justicia sea menos complicada, menos costosa y, en consecuencia, más fácil, más simple y más ventajosa para la gente.

Para lograr esto, Señor, consideraríamos que podríamos comenzar por destruir el peligroso abuso de vender por el vil dinero al hombre sin moral, sin talento, sin experiencia y sin principio, el sagrado derecho de

pronunciar sobre la fortuna, honor, libertad y vida de los ciudadanos.

# Bibliografía (referencias)

Acevedo, P. (25 de octubre de 2019). *https://observatorio.cl*. Obtenido de
https://observatorio.cl/organizaciones-internacionales-denuncian-la-
violenta-represion-militar-y-policial-contra-la-protesta-social-en-chile/

ALTHAUS, J. D. (21 de Noviembre de 2017). *https://www.lampadia.com*.
Recuperado el 03 de abril de 2020, de
https://www.lampadia.com/analisis/institucionalidad/poder-judicial-
dejar-de-ser-instrumento-del-crimen-organizado/

Archive, M. I. (enero de 2005). *https://web.archive.org*. Obtenido de
https://web.archive.org/web/20070730034341/http://marxists.anu.e
du.au/espanol/tematica/histsov/constitucion1936.htm

Armas, F. d. (23 de marzo de 2020). *https://www.nytimes.com*. Recuperado el
30 de marzo de 2020, de
https://www.nytimes.com/es/2020/03/23/espanol/opinion/venezuel
a-maduro-guaido-coronavirus.html

Bucknell University, Lewisburg, PA 17837. (1996).
*http://www.departments.bucknell.edu*. Recuperado el 30 de marzo de
2020, de
http://www.departments.bucknell.edu/russian/const/77cons01.html#
chap01

China Internet Information Center. (2001). *http://spanish.china.org.cn*.
Recuperado el 30 de marzo de 2020, de
http://spanish.china.org.cn/spanish/xi-zhengzhi/2.htm

CONGRESO CONSTITUYENTE, PERÚ, 1993. (s.f.). *www.minjus.gob.pe*.
Recuperado el 30 de MARZO de 2020, de
https://www.minjus.gob.pe/wp-
content/uploads/2019/05/Constitucion-Politica-del-Peru-marzo-
2019_WEB.pdf

CONSTITUCIÓN. (1793). *http://www.diputados.gob.mx*. Recuperado el 30 de
MARZO de 2020, de
http://www.diputados.gob.mx/biblioteca/bibdig/const_mex/const_fr
a.pdf

Constitución de la Nación Argentina. (1994, art. 22).
*http://servicios.infoleg.gob.ar*. Obtenido de
http://servicios.infoleg.gob.ar/infolegInternet/anexos/0-
4999/804/norma.htm

CONSTITUCIÓN FEDERACIÓN RUSA,1993,art.123, par.3-4. (s.f.).
*https://archivos.juridicas.unam.mx*. Obtenido de
https://archivos.juridicas.unam.mx/www/bjv/libros/1/186/4.pdf

REFORMAS CONSTITUCIONALES y PARTIDOS POLÍTICOS
DE SEGUNDA GENERACIÓN

CONSTITUCIÓN FRANCIA. (1791). *www.conseil-constitutionnel.fr*. Recuperado el 2020 de MARZO de 30, de https://www.conseil-constitutionnel.fr/les-constitutions-dans-l-histoire/constitution-de-1791

CONSTITUCIÓN FRANCIA. (4 de OCTUBRE de 1958). *https://www.senat.fr/*. Obtenido de https://www.senat.fr/fileadmin/Fichiers/Images/lng/constitution-espagnol_juillet2008.pdf

CONSTITUCIÓN ITALIA. (1946). *http://www.prefettura.it*. Obtenido de http://www.prefettura.it/FILES/AllegatiPag/1187/Costituzione_ESP.pdf

CONSTITUCIÓN ITALIA. (1946, art. 101). *http://www.prefettura.it*. Obtenido de http://www.prefettura.it/FILES/AllegatiPag/1187/Costituzione_ESP.pdf

CONSTITUCION PERU. (MARZO de 2019, art. 103). *https://www.minjus.gob.pe*. Obtenido de https://www.minjus.gob.pe/wp-content/uploads/2019/05/Constitucion-Politica-del-Peru-marzo-2019_WEB.pdf

CONVENCIÓN NACIONAL DE FRANCIA, 1. (s.f.). *http://www.diputados.gob.mx*. Recuperado el 30 de MARZO de 2020, de http://www.diputados.gob.mx/biblioteca/bibdig/const_mex/const_fra.pdf

DEBATE PRESIDENCIAL ARGENTINA. (21 de OCTUBRE de 2019). *https://www.youtube.com*. Obtenido de https://www.youtube.com/watch?v=JjEIOEEj4kI

DIARIO CORREO. (2019). *https://diariocorreo.pe*. Recuperado el 3 de abril de 2020, de https://diariocorreo.pe/politica/los-cuellos-blancos-del-puerto-y-como-desnudo-el-sistema-de-justicia-893253/

ELPAÍS. (20 de diciemmbre de 2016). *https://elpais.com*. Obtenido de https://elpais.com/elpais/2016/12/19/opinion/1482170601_259420.html

GOBIERNO CUBA. (2020). *http://www.cuba.cu*. Obtenido de http://www.cuba.cu/gobierno/cuba.htm

HISTOIREPASSION. (2008). *https://web.archive.org*. Recuperado el 30 de MARZO de 2020, de https://web.archive.org/web/20090106160932/http://www.histoirepassion.eu/spip.php?rubrique41

Ilustración Liberal N° 34. (s.f.). *https://www.clublibertaddigital.com*. Recuperado el 30 de marzo de 2020, de https://www.clublibertaddigital.com/ilustracion-liberal/34/lord-acton-jose-carlos-rodriguez.html

INFOBAE. (2019). *https://www.youtube.com/*. Obtenido de https://www.youtube.com/watch?v=JjEI0EEj4kI&t=2937s

INSTITUTO INTERAMERICANO DE DERECHOS HUMANOS. (2016). *WWW.IIDH.ED.CR*. Recuperado el 30 de MARZO de 2020, de https://www.iidh.ed.cr/capel2016/media/1239/un-acercamiento-a-la-participacion-politica-desde-la-dimension-de-la-pobreza.pdf

Justice, M. d. (s.f.). *http://www.textes.justice.gouv.fr*. Obtenido de http://www.textes.justice.gouv.fr/textes-fondamentaux-10086/droits-de-lhomme-et-libertes-fondamentales-10087/declaration-des-droits-de-lhomme-et-du-citoyen-de-1789-10116.html

LEY DE PARTIDOS POLÍTICOS. (01 de noviembre de 2003). *https://portal.jne.gob.pe*. Recuperado el 30 de marzo de 2020, de https://portal.jne.gob.pe/portal_documentos/files/fd6aadd2-0361-433b-8cab-aef2a0c568b7.pdf

Montesquieu, C. L. (2002). *El espíritu de las leyes*. Ediciones AKAL.

NACIONES UNIDAS. (s.f.). *www.un.org*. Recuperado el 30 de marzo de 2020, de https://www.un.org/es/universal-declaration-human-rights/

Nalda, M. L. (5 de abril de 2016). *http://www.legaltoday.com*. Obtenido de http://www.legaltoday.com/practica-juridica/supranacional/d_ue/el-consejo-de-europa-alerta-de-la-corrupcion-judicial-en-paises-como-espana

NPP Garant-Service, 2003-2020. (2003). *http://constitution.garant.ru*. Obtenido de http://constitution.garant.ru/history/ussr-rsfsr/1978/red_1978/5478721/

Rada, E. P. (21 de enero de 2020). *https://www.alainet.org*. Recuperado el 30 de marzo de 2020, de https://www.alainet.org/es/articulo/204315

Rousseau, J.-J. (2016). *El contrato social*. Madrid: Ediciones AKAL, S.A.